新民法で変わった
保証制度と税務

弁護士法人Y＆P法律事務所
税理士法人山田＆パートナーズ 著

契約時から履行・求償まで
顧問先への対応ポイントを
Q&A
でつかむ！

第一法規

はしがき

平成29年の民法改正では、いわゆる債権法に関する全面改正が行われました。明治29年の民法制定以来120年ぶりの大幅改正でしたが、その一環として保証に関する改正も実施されています。今回の保証に関する改正では、過去判例や解釈で補充されてきた部分が明文化されました。また、債権者の情報提供義務や根保証契約の極度額の設定など、個人保証を行う際に保証人に過度な負担が及ばないようにするための制度が創設されています。

保証契約は、資金調達や取引を成立させるために大変有用である一方、主債務者が債務不履行に陥ると保証人までもが破綻してしまう怖さもあります。税理士が顧問先から保証に関する相談を受ける機会は、さほど多くないかもしれませんが、いざというときに顧問先に的確なアドバイスをするために、保証に関する法務と税務を理解しておくことは非常に大事なことだと思います。

本書の前半の法務編では、今回の債権法改正の解説のほか、保証契約を締結してから、保証債務の履行、消滅、相続までのポイントについて説明しています。また、根保証や共同保証他、様々な保証について、債権法になじみがない方にも判りやすいよう解説しました。

後半の税務編は、保証に関する取扱いについて税目ごとに説明しています。主債務者が返済不能になり、債権者が個別評価金銭債権の貸倒引当金の計上を検討する際には、保証人の有無が影響することがあります。また、保証人が主債務者に代わって債務を弁済した場合には、保証人が取得した求償権について貸倒損失の計上を検討することになります。

個人である保証人が保証債務の履行のため資産を譲渡した場合、譲渡所得の特例が適用できることがありますが、なじみが薄い規定である上、適用要件が難解に思われます。実際の適用にあたっては慎重にご検討ください。

本書は、弁護士法人Ｙ＆Ｐ法律事務所と税理士法人山田＆パートナーズの中堅メンバーが中心になって執筆いたしました。本書が読者諸兄のお役に立つことを願うとともに、引き続きご意見・ご指導を賜りますよう何卒よろしくお願い申し上げます。

末筆になりましたが、本書の企画から発刊まで多大なご尽力をいただきました第一法規の内海重貴様に、この場を借りて深く御礼申し上げます。

令和４年３月

執筆者代表　浅川典子

◇執筆者一覧◇

弁護士法人Ｙ＆Ｐ法律事務所

青木　太郎　（弁護士・公認会計士）
荒籾　航輔　（弁護士）
池田　悠二　（弁護士）
伊藤　彰紀　（弁護士）
奥村　暁人　（弁護士）
滝澤　智久　（弁護士）
松田　拓弥　（弁護士）

税理士法人山田＆パートナーズ

浅川　典子　（税理士）
笠井　祐司　（税理士）
後藤　美輪　（税理士）
齋藤　俊希　（税理士）
中村　直貴　（税理士）
永見　綾子　（税理士）
橋本　真之介（税理士）
堀江　真也　（税理士）
三浦　眸　　（税理士）
矢幅　雄也

◇法人紹介◇

弁護士法人Ｙ＆Ｐ法律事務所

■所在地

〒100-0005　東京都千代田区丸の内１－８－１
丸の内トラストタワーＮ館９階
TEL：03-6212-1663
URL：https://www.yp-law.or.jp/

税理士法人山田＆パートナーズ

■所在地

東京本部
〒100-0005　東京都千代田区丸の内１－８－１
丸の内トラストタワーＮ館８階

TEL：03-6212-1660

URL：https://www.yamada-partners.gr.jp/

・国内拠点

札幌事務所	TEL：011-223-1553	名古屋事務所	TEL：052-569-0291
盛岡事務所	TEL：019-903-8067	京都事務所	TEL：075-257-7673
仙台事務所	TEL：022-714-6760	大阪事務所	TEL：06-6202-5881
北関東事務所	TEL：048-631-2660	神戸事務所	TEL：078-330-5290
横浜事務所	TEL：045-411-5361	広島事務所	TEL：082-568-2100
新潟事務所	TEL：025-333-9794	高松事務所	TEL：087-823-3303
金沢事務所	TEL：076-234-1511	松山事務所	TEL：089-913-6551
長野事務所	TEL：026-403-0138	福岡事務所	TEL：092-235-2780
静岡事務所	TEL：054-205-3210	南九州事務所	TEL：096-300-8870

・海外拠点

シンガポール	TEL：+65-6922-9097
中国（上海）	TEL：+86（0）21-5866-0525
ベトナム（ハノイ）	TEL：+84-24-3223-4155
アメリカ（ロサンゼルス）	TEL：+1（424）340-9415
アメリカ（ニューヨーク）	

目次

I　法務編

第1章　保証の意義

第2章　保証契約の締結

第3章　保証債務の履行

第4章　保証債務の消滅

第5章　保証債務の相続

第6章　様々な保証

Ⅱ　税務編

凡　例

1．主な法令等の略称

法令・通達名	略称
所得税法（昭和40年法律第33号）	所法
所得税法施行令（昭和40年政令第96号）	所令
法人税法（昭和40年法律第34号）	法法
法人税法施行令（昭和40年政令第97号）	法令
法人税法施行規則（昭和40年大蔵省令第12号）	法規
相続税法（昭和25年法律第73号）	相法
消費税法（昭和63年法律第108号）	消法
消費税法施行令（昭和63年政令第360号）	消令
租税特別措置法（昭和32年法律第26号）	措法
所得税基本通達（昭和45年直審（所）30）	所基通
法人税基本通達（昭和44年直審（法）25）	法基通
相続税法基本通達（昭和34年直資10）	相基通
消費税法基本通達（平成７年課消２－25他）	消基通

（表記例）

消費税法第２条第１項第８号……………………消法２①八

消費税法基本通達５－２－２……………………消基通５－２－２

2.　内容現在

本書は、令和４年１月１日現在において施行・適用されている法令通達等に基づいています。

I

「法務編」

第1章
保証の意義

Q1 保証債務の概要

保証とはなんでしょうか。どういう意味があるのか教えてください。

A1

①「保証」とは、主たる債務の実現を、第三者の信用又は財産的な担保をもって確実にすることをいいます。

②「保証債務」は、保証契約を発生原因として成立し、主たる債務に対し、「付従・随伴・補充」する債務です。

解説

1．保証とは

(1)「保証」の意味

私たちが社会生活を送るうえで、「保証」という言葉を耳にすることは多いと思います。例えば、銀行から借入れを行う際に「保証人」をつける場合や、アパートやマンションを賃借する際に「保証人」を求められることもあります。あるいは、電化製品の取扱説明書を見ていたら、「保証書」というものを必ずといっていいほど目にします。また、ある会社の会議室をのぞいてみたら、「この事業がうまくいくことはこの私が保証する！」という社長の強い意気込みが聞こえてくるかもしれません。

このように、「保証」という日本語には、ある事実が間違いなく大丈夫であることを請け負う、という意味があります。

(2) 取引を円滑にするための手段

民法上にも保証契約というものがありますが、民法上の保証契約は、第三者が負担している債務の履行を確実にすることを請け負う、という形の契約です。上記(1)の例でいえば、銀行から借り入れる際の「保証」やアパートやマンションを賃借する場合の「保証」が法律上の保証契約に当たります。それぞれ法律的な意味合いは、契約の内容や性質によって少々異なりますが、それぞれの契約における「保証人」に共通しているのは、本来的な義務や債務（「主たる債務」といいます。）が存在し、それを主に負担する人（法人も含みます。）がいる一方で、主たる債務を負担する人が万が一義務や債務を履行しない場合に、代わりにその義務や債務を履行することです。

このように、法律上の「保証」とは、主たる債務の実現を、第三者の信用や財産的な担保をもって確実にすることをいいます。

本来、金銭の貸し借りなどを行う際に、保証人をつけることは必ずしも必要というわけではありません。しかし、貸主にとってみれば、貸した金銭が回収できなければそれだけ自身の損失になってしまいますから、借りた金銭を返す当てのない人物にお金を貸すことはありません。逆に言えば、不動産などの金銭以外の財産や、相応の財産を保持している第三者から最終的に貸した金銭を回収できるのであれば、貸主は貸した金銭が回収不能になる不安から解消され、積極的に金銭を貸し付けることが可能になります。

一方で、借主は、そもそも金銭需要があるにもかかわらず手元現金がないという理由で借入れを行うことが多いのであって、常に借り入れた金銭を返還できなくなるリスクを抱えています。そのような状況では誰も金銭を貸してはくれません。そこで、自身の代わりに借入金を返済する人物や、いざというときに換金できる財産を担保とすることで、自身が借入金を返済できなくなるリスクを解消します。このように、借主は自身の代わりに返済する方法を準備しておくことで金銭の借入れを容易にしているのです。

以上のとおり、法律上の「保証」という制度は、我々の社会生活上、金銭の貸し借りや継続的な取引を容易かつ円滑にする役割を担っています。

(3) 用いられる場面

上で述べたとおり、金銭の貸し借りを行う場合に、貸主と保証人との間で結ばれる保証契約は、法律上の「保証」が登場する典型的な場面です。

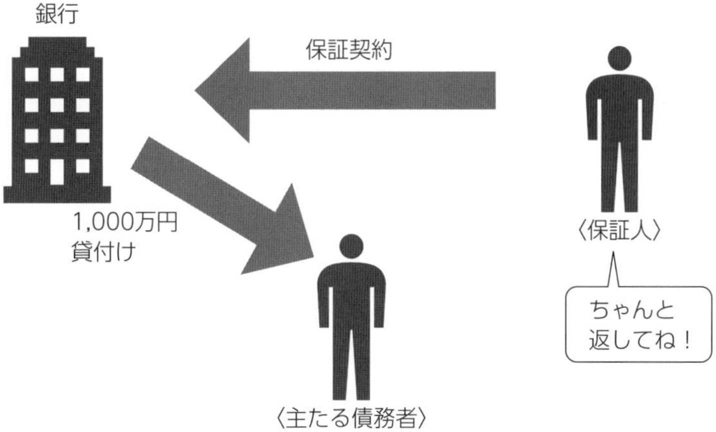

上の例でいえば、主たる債務者が銀行から1,000万円を借りる際、銀行と保証人の間で保証契約を締結します。そのことによって、保証人は銀行に対し、主たる債務者が負っている債務の履行を確実とすることを表明しています。その結果、銀行は、最終的には保証人が弁済の責任を負ってくれるから、主たる債務者に安心して金銭を貸し付けることができるようになります。

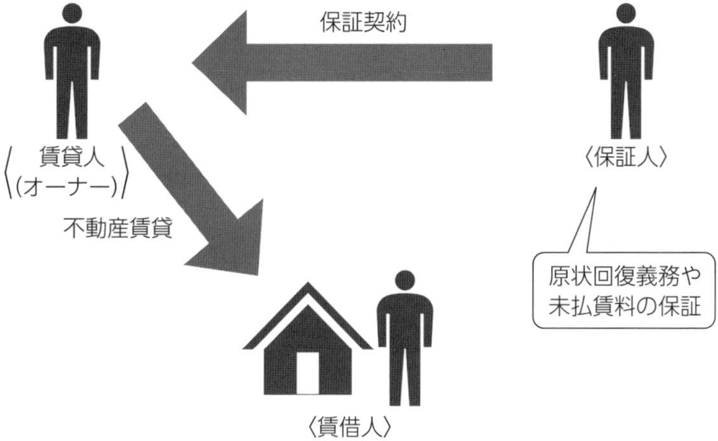

アパートやマンションを借りる際に締結される保証契約も同様に保証契約が登場する典型例です。上の例では、賃借人は不動産を借りて使用する一方で、賃貸人に対し賃料を支払う必要があります。また、契約が終了する場合には借りた時点の原状に復して物件を返還する義務があります。保証人は、賃借人が負っている様々な義務について、万が一賃借人が履行できなくなった場合には、賃借人に代わって履行する必要が生じます。

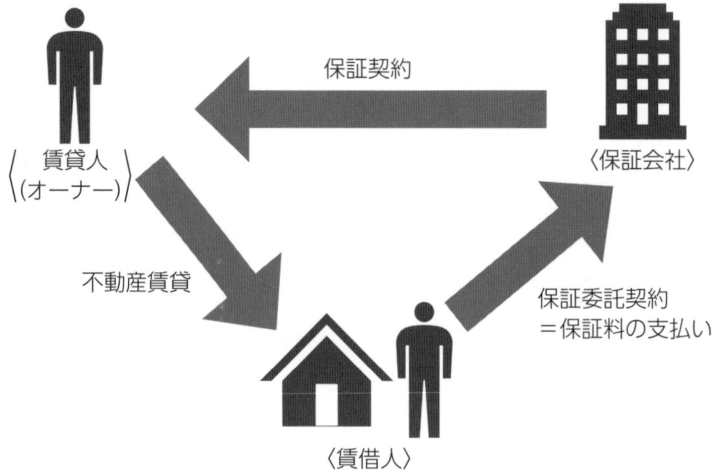

最近では、家賃保証会社のように、法人が保証人になることをサービスとして提供しているケースもあります。このようなケースでは、保証会社に対価を払って保証人になってもらうことになりますが、貸主・借主・保証人という関係では、個人が保証人になる場合と相違ありません。

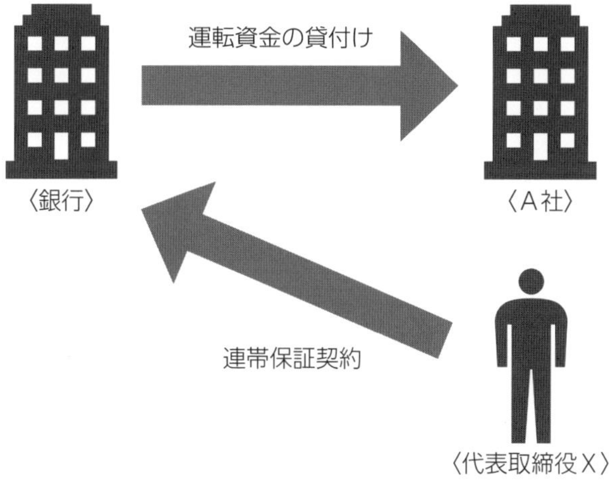

銀行が企業に運転資金や設備投資資金を貸し付ける場合には、その企業の代表者を連帯保証人とすることがあります。これはいわゆる経営者保証といわれるものですが、会社と経営者が一体となりがちな日本の中小企業ではいたるところで見られる契約体系です。これは、経営者個人にも返済の負担を負わせることで企業運営に規律をもたせる効果がありますが、一方で、会社が経営破綻に至った場合に経営者個人にも到底負担しきれない責任が生じ、経営者のリスタートの意欲を阻害しているという面がありました。近年では、できる限り経営者保証に頼らない企業融資を図るような施策がとられています（Q12)。

２．保証債務の性質

(1) 保証契約を締結することの重要性

詳細な説明はQ14に譲りますが、保証債務は、主たる債務者（主たる債務を負担する債務者のことをいいます。）が履行する債務を担保するために、債権者と保証人との間で締結された保証契約により発生する債務です。

保証債務はあくまで主たる債務の担保の性質を有するものですから、保証人は保証債務を負うことになっても直ちに金銭的な支出が生じることはありません。逆に、保証人は通常、保証契約から利益を得ることもありません（保証料という形で保証人に利益が生じることもあります。）。

一方で、主たる債務者が何らかの理由によって債務を履行できなくなってしまったときは、保証人が主たる債務者に代わって債務を履行しなければなりません。保証人は、自分が金銭を借りたり、物を買ったりしていないにもかかわらず、主たる債務の履行状況によっては重い負担が生じてくることになります。

上で述べたマンション賃貸における保証の場面を思い浮かべてください。読者の皆さんの中には、兄弟や友人から「マンションを借りるので保証人になってほしい」と頼まれたことがある人がいるのではないかと思います。さらにその中には軽い気持ちで保証人になっている人もいるかもしれません。この場合、めったなことでは保証人に連絡が来ることはありませんが、賃借人が数年にわたって家賃を滞納していたり、賃借人が亡くなってしまった場合などに突然大家さんから連絡が来ることがあります。そうなってしまった時には、滞納家賃がそれこそ100万円を超えてくる場合もよくあります。ときには、部屋を開けてみたらゴミ屋敷で、原状回復費用が数百万円もかかってしまったということもあります。そんな状況では、主たる債務者である賃借人にはめぼしい財産がないことがほとんどですから、いきなり保証人に数百万円にも及ぶ請求が来たという事例は、これまでも多数存在します。このように、保証人がその責任の重さをあまり理解せずに保証契約を締結し、後に過大な負担に苦しむケースが後を絶ちません。

したがって、安易に保証人になったり、保証債務を負担したりすることは避けるべきだといえます。そのため、民法は、保証債務を負担する場合には、必ず書面による契約を結ぶことを要求し（要式契約性、民法446②)、契約の当事者に慎重にその内容を確認させるようにしているのです。

(2)「付従・随伴・補充」の意味

上の例でもわかるように、保証契約は、あくまで主たる債務を担保するために締結する契約です。そのため、保証契約から生じる保証債務についても、主たる債務の担保である以上、主たる債務なしには存在しようがなく、また債務の内容も同一になります。これを**保証債務の付従性**といいます。このように、「保証債務は主たる債務の担保」という性質から導き出される特徴がいくつかあります。

次に、主たる債務に対する債権が債権譲渡などにより移転する場合があります。債権が譲渡されたとしても、それに対応した債務について担保の必要があることは変わりありません。その際には、主たる債務の担保である保証債務も同時に移転するとされています。これを**保証債務の随伴性**といいます。保証債務の付従性から派生する性質です。

さらに、保証債務が担保である以上こちらもある意味当然と思われるかもしれませんが、保証債務は、主たる債務者がその債務を履行しないときにはじめて、履行するものであるとされています。これを**保証債務の補充性**といいます。

この３つの性質は、当事者間で締結される保証契約の内容によっては、一部修正されるものもあります。例えば、保証人が貸主との間で連帯保証契約を締結した場合、貸主は、主たる債務者の債務不履行を待たずに保証人に債務の履行を請求することが可能です（補充性の修正、民法454）。

3．保証債務と税務との関わり合い

上記のとおり、保証契約は、債権者、主たる債務者、保証人と、少なくとも三者が登場する契約です。そのため、誰にどのような権利や義務が生じるか（特に保証人を介した場合）については複雑になります。税務についても、それぞれ場面を分けて整理する必要があります。

具体的には、印紙税、相続税、所得税、法人税のそれぞれについて検討すべき事項があります。特に、主たる債務者が返済できなくなった場合に、債権者（あるいは求償権を取得した保証人）が貸倒損失を計上できるかについては、それぞれの課税分野において大きな関心事だと思われます。

本書においては、Ⅱ税務編において詳しく説明します。

4．民法改正により制度変更があった分野

民法上の保証契約は、平成16年、及び、平成29年の民法改正により、一部ルールが変更されています。

特に、平成29年の民法改正においては、債権者の保証人に対する情報提供義務の創設（民法458の２、458の３など）、個人根保証の極度額の定めに関する条項（民法465の２）、事業のために負担した貸金等債務を保証する契約の際に公正証書を作成する旨の条項（民法465の６）など、実際の契約実務において影響の大きい改正が含まれています。

詳細については、Ｑ３において説明します。

Q2 保証の種類

保証契約にはどのような種類があるのでしょうか。

A2

①保証契約には、主たるものとして、（通常の）保証、連帯保証、共同保証、根保証、事業にかかる債務の保証などがあります。また、保証契約に類似する制度として、物上保証があります。

②保証契約の種類によって、債務を保証することが想定される場面、保証の対象となる債権額、保証される債権の範囲、保証人の責任の重さなどに差が生じます。

③保証の対象となる取引に応じて、上記種類の保証契約を使い分けることになります。

解説

1．複数の種類が存在する保証契約

(1) ひとえに保証といっても様々

民法上の保証契約といっても、大枠は同じ「保証契約」とはいえ、その保証契約自体の特徴や、保証人が負担する義務の内容などに応じて、複数の種類の契約が存在します。次の表を見てください。

種類	特徴	参照Q＆A
（通常の）保証	催告・検索の抗弁権（民法452、453・補充性）がある。	Q 5
連帯保証	補充性なし（民法454）。	Q14
共同保証	複数人での保証。	Q29
根保証	一定の範囲に属する不特定の債務を主たる債務とする保証。	Q27、Q28
事業にかかる債務の個人保証	個人が事業用資金の債務を保証する場合の方策。	Q11
（保証契約類似の制度として）物上保証	保証人の責任の範囲が特定の財産の価値に限定。 ※抵当権設定契約など	Q16

上記の特徴のほかにも、それぞれの種類の契約によって、細かな特徴や差異が存在しますが、詳細はそれぞれのＱ＆Ａにて説明します。

(2) なぜ様々な種類の保証があるのか

なぜこのように複数の類型の契約が用意されているのでしょうか。世の中の取引において、保証契約が用いられる場面は様々ありますが、それぞれの取引に応じて、保証人の責任を主たる債務者と同等にしたり（その分保証人の責任が重くなります）、保証する範囲を不動産など特定の財産の価値のみに限定したりします。これは、それぞれの取引によって、保証人に対して求められる責任又は負担の重さが異なっているからです。また、取引によっては、保証人が１人では、責任を負担しきれない場合もあります。その場合には、保証人を複数人とする場合もあります。

このように、単に「保証」といっても、様々な取引に応じて保証人の責任の重さや保証人に求められる対応が異なります。そのため、民法は保証契約について複数の種類を設け、保証人に求められる社会のニーズに応えているのです。

２．各種の保証契約の概要

ここからは、各種の保証契約について、その概要と特徴について説明します。詳細な解説は、個別のＱ＆Ａを参照してください。

(1) 連帯保証

連帯保証とは、「主たる債務者と連帯して債務を負担する保証」のことをいいます。

通常の保証契約については、「補充性がある」ということはすでに述べました（Ｑ１）。要するに、保証人は、あくまで主たる債務に付随して債権者に責任を負うので、債権者はまず主たる債務者に弁済を求めることになる、ということです。一方で、連帯保証は、この補充性がありません。債権者は、主たる債務者よりも先に、連帯保証人に対して債務の履行を求めることができます。これが、連帯保証の最も大きな特徴です。

補充性がない分、連帯保証は通常の保証契約よりも債権者に有利となっています。そのため、金融機関による融資を中心とした昨今の日常取引においては、ほとんどが連帯保証となっています。

(2) 共同保証

共同保証とは、１つの債務について複数人が保証債務を負担する場合をいいます。

共同保証には、(1)の連帯保証と関連して、Ａ：複数人の保証人がいずれも通常の保証人である場合、Ｂ：複数人の保証人がいずれも通常の保証人だが「各保証人が全額を弁済すべき旨の特約」がある場合(保証連帯)、Ｃ：複数人がそれぞれ連帯保証人である場合が存在します。それぞれ、保証人と債権者との関係、又は、保証人それぞれの間との関係について違いが生じるのですが、詳細な説明はQ29に委ねます。

共同保証は、主たる債務が多額にのぼる場合など、単独の保証人では担保力が不十分な場合に用いられます。

(3) 根保証

根保証とは、継続的な債権債務関係から生じた不特定の債務を主たる債務とする保証を指します。

通常、保証は、すでに生じている主たる債務に対する担保として用いられることが多いですが、日常取引で主たる債務の金額や範囲が明確になっている場合ばかりではありません。例えば、会社が銀行から運転資金を借り入れる場合、会社の資金需要はその時々によって異なりますから、一定の枠内で自由に借入れ・返済を行うことができる契約を締結することがあります。その場合、会社は長期間にわたって借入れと返済を繰り返すことになります。一方で、通常の保証契約では、借入れの都度、主たる債務の借入金額や返済期間などの条件を明示して契約することになりますが、主たる債務に関する契約が上記のような契約の場合、主たる債務の金額や返済期間を一義的に確定することができません。そのような債務を保証する場合には、一定額を限度に、その範囲での借入れについては将来的な借入れも含めてすべて保証する、という契約を結びます。

ほかにも、賃貸借契約における賃借人の債務の保証など、継続的な取引関係が存続する場合に、根保証が用いられています。

根保証の最も特徴的な部分は、極度額と元本の確定です。すなわち、主たる債務が一定の範囲内（この一定の範囲を「極度額」といいます。）に収まっているうちは保証の範囲が変動します。しかし、変動したままでは保証人の責任の範囲がいつまでも確定しません。そこで民法は、一定の事由（例えば、一定の期日が到来した、主たる債務者が死亡した、など。）が生じた際には保証の範囲（元本）が確定することを定めており、その時点で利息や損害金を除き保証の範囲が拡大することがなくなります。このように、根保証においては、継続的取引における取引の自由度と保証人の責任の範囲の限定とのバランスをとっているのです。

(4) 事業にかかる債務の保証

保証人は、その契約内容や主たる債務者の状況によっては大きな負担を背負うことになり、場合によっては保証人の生活が危機的な状況に追い込まれることがあります。一方で、そのリスクは、保証契約の締結時には顕在化しておらず、リスクの大きさを理解しないまま契約を締結してしまうことが問題になっていました。

このような状況は、事業の運転資金などを借り入れる場合、主たる債務者の債務額が多額にのぼることから、より深刻になります。そこで民法は、事業にかかる債務を個人が保証する場合には、次の方策を設けています。

- 主たる債務者が保証の委託をするときは、委託を受ける者（保証人）に対し、情報提供する義務を負う（民法465の10）
- 保証人になろうとする者は、保証契約の締結に先立って、保証債務を履行する意思を公正証書で表示しなければならない（民法465の６～465の９）

これらは、平成29年民法改正によって新たに設けられたルールです。詳細はＱ７を参照してください。

(5) 物上保証

保証契約に類似する制度として、物上保証があります。物上保証とは、他人の債務のために自己の所有する財産を担保として提供し質権・抵当権を設定することをいいます。自身が所有する不動産に、第三者の債務を保証するために抵当権を設定する場面が典型例です。

通常の保証契約は、保証人自身の信用力に着目したものであり、保証人に対する責任に限定はありません。一方で、物上保証は、物上保証人が所有する財産の価値の信用力のみに着目しており、保証人自身のその他財産に責任を及ぼさないことに大きな特徴があります。

Q 3 保証に関する改正の概要①

保証については最近改正があったと聞きました。どのような改正があったか教えてください。

A 3

①平成29年民法改正で、保証についても大幅な見直しがされました。主たる目的は、判例・解釈の蓄積の反映と、社会・経済の実態に合わせた制度の見直しです。

②情報提供義務、個人根保証など、個人保証を行う際に保証人に過度な負担が及ばないような方策が設けられました。

解説

１．平成29年民法改正の経緯

(1) 保証分野における改正は平成16年以来

平成29年民法改正は、債権法の分野に関する全面的な見直しが行われましたが、保証に関する分野においても大幅な改正が行われました。この改正においては、主に個人が保証人となる契約について、新たな義務の創設や契約の要式性の厳格化がなされています。

保証の分野における大型の民法改正は、貸金等債務に関する包括根保証の禁止を定めた平成16年民法改正以来です。

(2) 改正の背景

平成29年の民法改正は、いわゆる債権法に関する全面改正が行われています。これは、明治29年の民法制定以来およそ120年ぶりの全般的な見直しで、準備段階から改正まで10年余りを費やしています。その一環として保証の分野に関する改正も実施されています。

今回の改正で行われたのは、①従来の判例の蓄積の反映と、②新たな制度の創設の2点です。これまで民法は、平成16年に口語調に改められましたが、内容としては明治に制定された最も古い法律の一つでした。これまで時代に合わせた改正は行われてきたものの、多くの部分において判例の蓄積に基づく解釈に委ねられてきました。今回の改正では、判例や解釈に委ねられていた部分について、多くの部分で明文化がなされています。また、特に民法は人々の社会生活に密接に関連する法律ですから、社会や経済の変化に対応するための改正や国民にとってわかりやすくするための改正も行われています。

保証の分野に限った話で言えば、例えば主たる債務者の抗弁を保証人が主張できることなど、旧法下でも解釈として当然とされてきた部分を新法では明文化する（民法457②）など、判例や解釈で補充されてきた部分が明文化されています。また、従前から保証人の責任の苛烈さが社会問題となっていたことから、特に個人の保証人の責任範囲の明確化が図られており、社会の情勢に合わせた改正も行われています。

2．改正の内容

(1) 全体像

平成29年民法改正によって見直されたポイントは次のとおりです。

改正ポイント	概要	参照Q＆A
情報提供義務	債権者が保証人に対して主たる債務者の債務の履行状況などを情報提供する義務を創設。	Q10
個人根保証	個人が締結する根保証契約について、一律極度額の定めを必要と改めた。	Q27、Q28
事業にかかる債務の保証に関する特則	個人が事業にかかる債務を保証する際の保証人の保護を拡充。具体的には、情報提供義務の創設、保証人の意思確認を要するなど要件の厳格化を実施。	Q７～Q９

(2) 情報提供義務

保証人は、あくまで主たる債務者の債務の履行を担保するために存在していますから、主たる債務者が滞りなく債務の履行をしていれば、保証人であることに何ら心配をすることなく平穏に過ごせます。しかし、主たる債務者の資金繰りが悪化すれば途端に保証人自身が債務を履行しなければならない状況に追い込まれます。そのため、保証人は主たる債務者の資産状況に重大な関心をもつのが通常です。

かといって、保証人が主たる債務者の状況を積極的に知るのは至難の業です。そうこうしているうちに、保証人が主たる債務者の困窮を風の噂で知るころには多額の遅延損害金が累積しているというようなことが生じかねません。

そこで、新民法では、債権者から保証人に対する情報提供義務を創設し、保証人が適切な時期に適切な情報を受領できるようにしました。具体的には、A：保証人が債権者に対し主たる債務の履行状況に関する情報の提供を請求できるようにし（民法458の２）、B：主たる債務者が期限の利益を喪失した場合には、債権者は保証人にその旨の通知をしなければならないこととしました（民法458の３）。

詳細な内容は、Q10にて説明します。

(3) 個人根保証

旧民法においては、個人が根保証契約を締結する場合、主債務が貸金である場合には極度額を定めなければならないとされていました。一方で、それ以外の根保証契約については同様の定めはありませんでした。

旧民法で貸金に関する根保証契約を締結する際に極度額を定めるとしていたのは、根保証契約を締結した後に、主たる債務である貸金債務が際限なく増加することで保証人の負担が過大になることを防止するためです。一方で、主たる債務が貸金以外の場合であっても、保証人の負担が重くなってしまう根保証契約は存在します。

例えば、不動産の賃貸借契約を締結する際に、賃借人の一切の債務を保証する保証契約を締結することがありますが、これも根保証契約です。この場合でも、主たる債務者である賃借人が多額の家賃を滞納していたり、賃貸物件で孤独死していたケースで保証人に多額の損害賠償金を請求されたりなど、保証人の負担が過大になることが問題になっていました。

そこで新民法は、個人が保証人となる根保証契約については、一律、極度額を定めることとし、保証人の責任の範囲を明確にすることとしました（民法465の２②)。

詳細は、Q27、Q28にて説明します。

(4) 事業にかかる債務の保証に関する特則

Ｑ２で説明した、事業にかかる債務の保証に関する特則が設けられたのも、平成29年民法改正によるものです。

事業にかかる借入れはその金額が多額になる一方で、その債務を個人が保証した場合、個人が負担する保証債務の責任が非常に多額になることが問題となっていました。この改正は、保証契約を締結するにあたって保証人の意思表示を明確にする、保証人に適切な情報提供をするなど、保証人（になる方）の保護を図っています。改正の主な部分は、主たる債務者の保証人への情報提供義務の創設、契約締結する前に保証人の意思確認を行う保証意思宣明公正証書の作成に関するものです。

具体的な内容に関する解説は、「情報提供義務」に関してはＱ９、「保証意思宣明公正証書の作成」に関してはＱ７、Ｑ８を参照してください。

Q4 保証に関する改正の概要②

保証に関する改正はいつから適用されるのでしょうか。また、平成30年に保証契約を締結した場合、令和３年に保証契約を締結した場合、令和３年に保証契約を更新した場合はそれぞれどうなるのでしょうか。

A4

①保証に関する改正は、平成29年６月２日公布、令和２年４月１日施行です。ただし、保証意思宣明公正証書の作成は令和２年３月１日から作成可能となっています。

②経過措置により、施行日前に締結された保証契約については、旧民法のルールに従います。施行日後に締結された保証契約については、新民法のルールに従います。

③施行日前に締結された保証契約についても、施行日後に更新された場合には、新民法のルールに従います。

解説

１．平成29年民法改正の施行日と経過措置

(1) 公布日と施行日

保証に関する改正を含んだ平成29年民法改正は、平成29年６月２日に公布され、一部の規定を除き、公布日から起算して３年を超えない

範囲内において政令で定める日から施行されると定められました。

その後、令和２年４月１日が施行日と定められ、同日の到来をもって新民法が施行されました。保証に関する改正についても、ほとんどの部分が同日に施行されています。

(2) 保証意思宣明公正証書に関する経過措置

保証意思宣明公正証書（詳細はＱ７を参照してください。）の作成については、全体の施行日からはやや早い令和２年３月１日から作成可能とされました。

これは、この公正証書が、保証契約の締結日の前１か月以内に作成する必要があるとされたことから、施行日に保証契約を締結することに合わせてこの公正証書を作成するための措置です。

(3) 施行日前に締結された契約に関する経過措置

旧民法又は新民法のいずれかが適用されるかについては、施行日を境にその前後で保証契約を締結したかによって左右されます。

すなわち、施行日である令和２年４月１日より前（同年３月31日まで）に締結された保証契約については、旧民法が適用されます（改正附則21①)。施行日である同年４月１日以降に締結された保証契約については新民法が適用されます。

２．具体例

では、具体例を見てみましょう。次の図は、賃貸借契約から発生する債務を保証する保証契約を締結する場合です。この場合、保証人が締結する契約は個人根保証契約となりますから、新民法が適用される場合には、極度額の定めが必要になります。

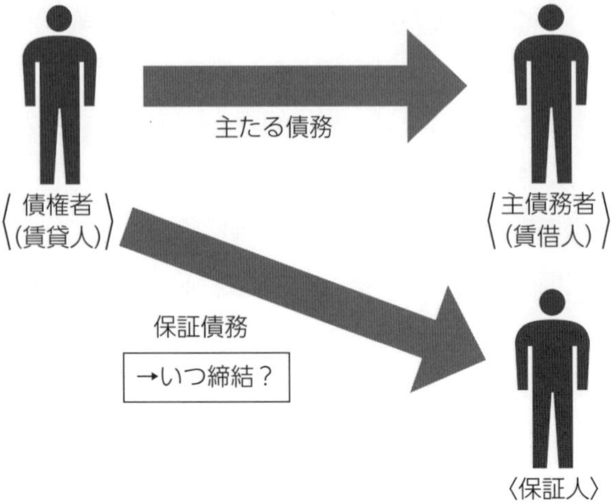

(1) 平成30年に保証契約を締結した場合

例えば、平成30年４月１日に保証契約を締結した場合には、旧民法が適用されます。

この時点では、新法が公布されていますが、施行日である令和２年４月１日は到来していません。したがって、改正附則第21条第１項により、なお従前の例によることから、この契約については旧民法が適用されます。

(2) 令和３年に保証契約を締結した場合

次に、令和３年４月１日に保証契約を締結した場合には、すでに施行日を経過していますから、新民法が適用されるのは言うまでもありません。

(3) 令和３年に保証契約を更新した場合

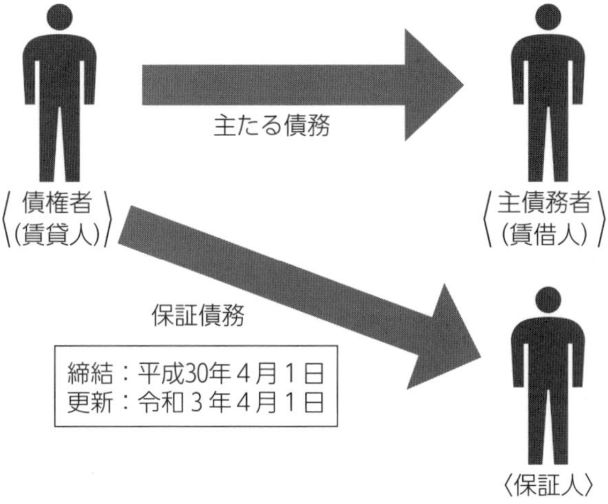

では、(1)、(2) と異なり、平成30年４月１日に締結した保証契約が、令和３年４月１日に更新された場合はどうなるでしょうか。

当事者間で保証契約を締結したのは施行日前ですから、旧民法が適用されると思われるかもしれません（実際に更新されるまでは旧民法の適用です。）。しかし、当事者の合意に基づいて契約が更新される場合には、通常、当事者の間では更新時の法律が適用されることの期待があるとされています。そのため、保証契約が合意によって更新され、更新日が施行日以降である場合には、その保証契約は新民法が適用されます。

したがって、上のケースでは更新された日が施行日後の令和３年４月１日ですから、更新された保証契約については新民法が適用されます。新民法が適用される以上、保証契約の更新にあたっては、極度額を定める必要が出てきます。

なお、契約書の内容によっては、「契約当事者の双方から異議がなされない場合には、同様の内容で1年間更新される。」などというように、自動更新の定めが設けられている場合があります。この場合にも、「更新されることについて異議を述べない」という形で契約を更新させる意思表示がされたとみることができますから、当事者の合意によって更新された場合と結論は変わりません。

(4) 令和3年に主たる債務者の契約が更新された場合

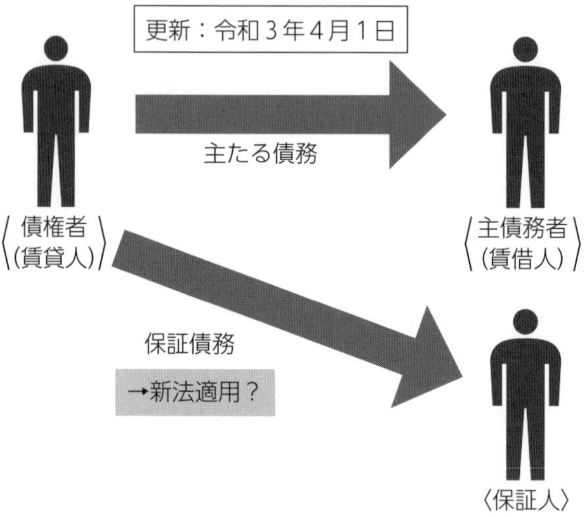

保証契約が更新される（3）のケースに近い場合として、上のケースのように、債権者と主たる債務者の契約が更新される場合はどのようになるのでしょうか。

確かに、主たる債務と保証債務は付従性を有しているものの、主たる債務の発生原因である契約と、保証契約は全く別の契約です。当然ながら、主たる債務の発生原因である契約が更新される場合には、基本的に保証人とは関係ないところでなされることになります。例えば、賃貸借に伴って締結される保証契約は、主たる債務の発生原因である賃貸借契約が合意更新された場合を含めて賃借人の債務を保証することを目的としていると解されています（最判平成９年11月13日判タ969号126頁）。一方で、当然に保証契約が更新されるものではありません。主たる債務者の契約が更新されても、保証人の更新の意思は何ら表明されていませんから、その時点で保証契約が当然に更新されたことにはならず、新民法が適用されることもありません。

したがって、上のケースでは、保証契約は旧民法の適用のままということになります。

第2章
保証契約の締結

Q5 保証契約の概要

顧問先から保証について質問された時にまず考えないといけないのは何でしょうか。

A5

①「保証」という名称が付いていても、民法上の保証契約でないこともありますので、民法上の保証契約かどうかの確認が必要です。

②民法上の保証契約である場合には、保証人、主債務者、債権者が誰であるか確認しましょう。

③保証債務には様々な種類がありますが、通常保証か連帯保証かの区別は最も重要です。

④保証契約に関しては改正も多いため、いつ保証契約が締結されたか（締結されるか）を確認して、改正後の民法が適用されるか、改正前の民法が適用されるかも注意が必要です。

解説

1．民法上の保証契約

(1) 保証契約の意義

保証契約とは、主債務者が債務の履行をしない場合に、これに代わって支払いをする義務を負う約束をする契約をいいます。典型的なのは、金融機関から会社が借入れを行う場合に、経営者である代表取締役が個人として会社の債務を保証するものですが、その他にも、親会社が子会社の債務を保証したり、個人間で債務を保証したりするケースもあります。また、会社と雇用契約を締結する際に、親族がその債務を保証する場合や、新たにアパートやマンションなどの物件を借りるときに保証人が必要となる場合もあります。

(2) 民法上の保証契約

世の中には「保証」と名の付くものは多くありますが、必ずしもそのすべてが民法上の保証契約となるわけではありません。例えば、電化製品を購入した場合には、製品購入後一定期間内は「保証」されることも多いですが、これは民法上の保証ではありません。また、近年M&A取引を中心に、「表明保証」という言葉を聞く機会が増えていますが、これも民法上の保証とは異なります（詳細はQ34）。あくまでも主債務者が存在し、主債務者が負う債務について、主債務者が弁済できない場合には代わりに支払うという内容が民法上の保証です。そのため、まずは、「保証」という言葉であったとしても、民法上の保証を意味しているのかどうか、確認が必要です。

2．保証契約の基本的な当事者

保証債務とは、主たる債務の履行を担保することを目的として、債権者と保証人との間で締結された契約により成立する債務です。保証人は、主たる債務を主たる債務者が履行しない場合に保証債務を履行する義務を負うことになります。したがって、保証債務や保証契約という言葉が出てきた場合には、「保証人」、「主債務者」、「債権者」の三者が誰かを特定する必要があります。

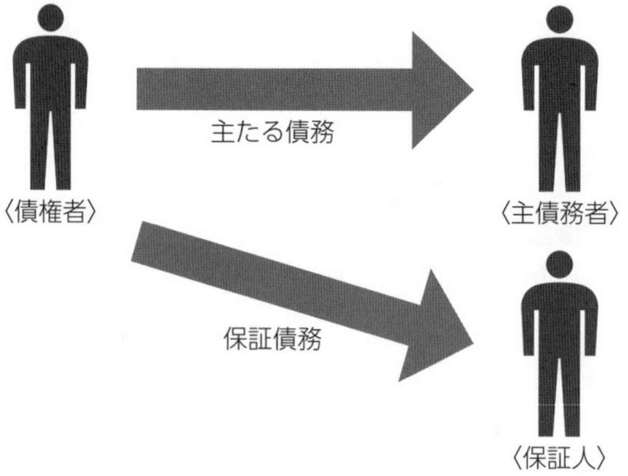

3．通常保証と連帯保証

続いて確認する必要があるのは、保証債務の種類です。保証債務には様々な種類があり、それに応じて規制も細かく分かれています。その中でも、特に保証人の責任という観点では、通常保証か連帯保証かの区別が最も重要です。

連帯保証となっている場合には、保証人は主債務者とほとんど対等の立場で債権者に対して責任を負うことになります（詳細はQ14）。

実務上は、連帯保証がほとんどを占め、通常保証の保証人となるケースは多くはありませんが、保証人の立場では連帯保証なのかどうかは明確に認識しておく必要があります。

４．債権者、主債務者、保証人の関係

(1) 債権者と主債務者の関係

保証契約や保証債務の前提として、主たる債務が必ず存在します。「主たる債務」とは例えば債権者である銀行から債務者がお金を借りた場合には、その借入金債務が主たる債務となります。その場合、銀行と債務者との間では金銭消費貸借契約が成立しており、債務者は借入金債務を負うことになります。

(2) 債権者と保証人の関係

保証契約は、債権者と保証人との間で締結されます。通常は保証人は主たる債務者から依頼を受けて保証人になることが多いですが、法形式上は債権者と保証人の間の保証契約が成立しており、保証債務はあくまでも債権者に対する債務となります。

(3) 主債務者と保証人の関係

主債務者と保証人の間には特段契約関係がないことも多いです。場合によっては、「保証委託契約」を締結している場合もありますが、通常はそのような契約書は締結していません。民法上は、保証債務は主債務者と保証人の関係というより、債権者と保証人との関係で成立することに注意が必要です。

5．保証契約の成立時期

民法上の保証契約は、平成16年、平成29年と改正がされており、いつ成立した保証契約かによって内容が大きく異なります。詳細はQ４で説明していますが、いつの時期の民法が適用されるかによってルールが大きく異なります。特に、平成29年改正は、保証人保護の観点から、個人保証の制限、契約締結時の情報提供義務等の改正がありましたので、平成29年改正の施行時期である令和２年４月１日より前に締結された保証契約であるか、令和２年４月１日以降に締結された保証契約であるかは必ず確認が必要です。

保証契約締結の時点	適用される民法
令和２年（2020年）４月１日より前	旧民法
令和２年（2020年）４月１日以降	新民法

Q 6 保証契約の締結①

友人から口頭で私が保証人になってくれと言われ、それに応じてしまいました。書面は作成しなかったのですが、私は保証人になってしまうのでしょうか。

A 6

①保証契約締結が平成17年３月31日以前であった場合には、書面が作成されていなくても保証契約が有効に成立するため、あなたは保証人となっている可能性があります。

②保証契約締結が平成17年４月１日以降令和２年３月31日までの間の場合には、保証契約の成立には書面（又は電磁的記録）が必要とされるため（民法446②③）、あなたは保証人とはなっていない可能性が高いです。

③保証契約締結が令和２年４月１日以降の場合には、さらに厳格となり、個人が保証人となる場合で経営者保証でない場合においては、公正証書を作成しなければ保証契約の効力が生じないとされたため、公正証書を作成していない限り保証人とはなっていません（民法465の６①③）。

④さらに、保証契約締結が令和２年４月１日以降の場合、主たる債務が「事業のために負担する債務」である場合、主債務者が個人に保証の委託をするときは、主債務者は、保証人となろうとする者に対して、財産及び収支の状況などの一定の情報を提供する義務を負う

こととされました（民法465の10）。

⑤なお、友人があなたの代理人として債権者と保証契約を締結している可能性もありますが、その場合には、保証内容を示した委任状の作成が必要と考える説が有力です。

解説

1．平成17年３月31日以前の保証契約の特徴

平成17年３月31日以前の保証契約は、債権者と保証人になろうとする者との合意のみによって成立し、書面の作成は不要とされていました。すなわち、保証人になろうとする者が、債権者に対して、主債務者の主たる債務を保証する旨の意思（以下「保証意思」といいます。）を示して申込みを行い、債権者がこれを承諾することのみによって保証契約が成立していました。

しかし、口頭での合意のみによって保証契約が成立することの弊害として、後日、保証意思の存否をめぐって争いになった場合の証明が困難である点や、保証人が保証債務の内容や保証人の責任の重大性を十分に理解しないまま保証契約を締結してしまうことが少なくない点を指摘されていました。

2．平成16年改正による要式契約化

(1) 保証契約の要式性

こうした指摘を踏まえて、保証意思を明確にし、後日の紛争を防止するとともに、保証人になろうとする者に保証契約の締結を慎重に行わせるという観点から、平成16年改正によって、平成17年４月１日以

降に締結されるすべての保証契約について、書面により作成することが必要となりました（民法446②）。このことは、平成29年改正によっても維持されています。なお、保証契約がその内容を記録した電磁的記録によってされたときは、書面によってなされたものとみなされますので、電子契約により保証契約の内容をクラウドサービス等に記録・保存した場合も、書面で作成したことになります（民法446③）。

(2)「書面」の記載内容

保証契約の成立に必要な「書面」には、どのような内容を記載する必要があるのでしょうか。民法は、「保証契約は、書面でしなければ、その効力を生じない。」（民法446②）と規定するのみで、どのような内容を書面に記載しなければならないのかについては規定していません。そのため、書面上に保証意思が明確に表現されていると認められるものであれば、保証契約書を作成することまでは必要ではなく、必ずしも書面に保証人の記名押印がなされている必要もないことになります。もっとも、書面から保証意思を読み取るためには、債権者と主債務者の氏名、主たる債務の内容及び範囲、保証債務の内容及び範囲、保証人の署名又は記名押印等の記載が必要と考えられるので、実務上は、こうした内容を記載した保証契約書を作成することや保証書を差し入れることが通常です。

３．平成29年改正による要式性の拡充

平成16年改正により、保証契約の締結に書面性を要求した背景の一つに、保証契約の締結を慎重に行わせるというものがありました。しかし、平成16年改正後も、個人の保証人については、主債務者との関係でやむなく保証人となる者や保証人となることのリスクに対する理

解が不十分なまま保証人となる者が少なくなく、後に過大な責任を負って生活を破綻させてしまう事態がしばしば生じていました。そこで、個人の保証人の保護をより充実させるために、平成29年改正により、一定の場合には公正証書により保証意思を確認することとしたほか、主債務者に保証人に対して保証契約締結時に一定の情報提供を行うべき義務を負わせることとしました。

(1) 個人保証における公正証書の作成

まず、平成29年改正により、個人が保証人となるときには、一定の場合（いわゆる経営者保証の場合をいい、Q11で説明します。）を除き、事業のために負担した貸金等債務を主たる債務とする保証契約又は主たる債務の範囲に事業のために負担する貸金等債務が含まれる根保証契約については、原則として、契約締結日前1か月以内に保証意思を表示した公正証書を作成しなければ、効力が生じないこととされました（民法465の6①）。例えば、アパート経営を行っている大家が建物の改修・増改築を行うために借入れを行った際の、借入金返還債務の保証などがこれに当たります。

ここにいう、「貸金等債務」とは、金銭の貸渡し又は手形の割引を受けることによって負担する債務をいいます（民法465の3①）。また、「事業のために負担した」か否かの基準時は借入時とされており、借主が事業のための使用を意図しているだけでは足りず、貸主に対してその旨を明らかにしたうえで、貸主においても貸付金が事業のために使用されることを認識している必要があるとされています。

そのため、例えば、貸主及び借主が双方とも事業の運転資金として利用することを認識したうえで貸付け・借入れを行ったものの、実際には借主の自宅の購入資金に充てられたといった場合にも「事業のために負担した」貸金等債務に該当することになります。反対に、借主が自宅の購入資金に充てるため、住宅ローンによる借入れを行ったものの、実際には、借主の行っている事業の資金に充てたという場合には、「事業のために負担した」貸金等債務には該当しないことになります。また、この場合に、仮に、借主が借入時から住宅ローンによる借入金について事業の資金に充てることを企図していたとしても、貸主において貸付金が事業のために使用されることを認識できていないので、「事業のために負担した」貸金等債務には該当しません。

なお、公正証書の内容の詳細は、Ｑ８で説明します。

(2) 保証契約締結時における主債務者の情報提供義務

詳細はＱ９に譲りますが、(1) のほか、平成29年改正により、主債務者は、個人が保証人となる場合であって、事業のために負担する債務を主たる債務とする保証又は主たる債務の範囲に事業のために負担する債務が含まれる根保証の委託をするときは、保証人となろうとする個人に対して、一定の情報を提供しなければならないこととされました（民法465の10①）。実務上は、主債務者が保証人となろうとする者に対して情報提供を行った事実を明確にするために、保証人となろうとする者から、債権者に対して、正確に情報提供を受けた旨を証する書面を提出することになると考えられます。もっとも、債権者が保証人からこのような書面の提出を受けていたこと一事をもって直ちに情報提供義務違反を知らなかったと認められるわけではないことに留意が必要です。

主債務者が情報提供義務に違反して保証人となろうとする者に対して情報を提供せず、又は事実と異なる情報を提供したために、委託を受けて保証人となろうとする者が事実を誤認し、それによって保証契約の締結に至った場合に、債権者が情報提供義務違反を知っていたか知ることができたときは、保証人が、保証契約を取り消すことができます（民法465の10②）。具体的には、保証人から債権者に対して、主債務者の情報提供義務違反の事実を債権者が知っていたこと又は知ることができたことを示す事情及び保証契約を取り消す旨の文言を記載した通知文を送付することなどによって取り消すことになります。

保証契約締結の時点	保証契約の成立要件
平成17年（2005年）３月31日以前	債権者及び保証人となろうとする者との合意のみによって成立（諾成契約）
平成17年（2005年）４月１日以降 令和２年（2020年）３月31日以前	書面によらなければ効力を生じない（要式契約）
令和２年（2020年）４月１日以降	書面によらなければ効力を生じない（要式契約） ※個人保証の場合、一定の場合には、原則として、契約締結日前１か月以内に保証意思を表示した公正証書を作成しなければ、効力を生じない

４．代理人による保証契約の締結

上記のとおり、平成17年４月１日以降については、保証人となろうとする者が、債権者に対して、主たる債務を保証する旨を口頭で伝えていたとしても、書面を作成していなければ保証契約が有効に成立したとはいえず、保証意思を撤回することができます。

もっとも、本問においては、保証人の保証意思を口頭で確認した主債務者である友人が、すでに保証人の代理人として、債権者との間で書面により保証契約を締結してしまっていることも考えられます。このような場合には注意が必要です。

保証人が、保証債務の内容等を正確に理解したうえで保証人になることを口頭で承諾していたのであれば、保証意思は存在したことになります。そうすると、保証人を代理した主債務者と債権者が、書面により保証契約を締結していた場合には、保証契約が有効に成立してしまうようにも思えます。しかし、このような場合に、保証契約自体が書面でなされてさえいれば、保証人となろうとする者が主債務者に対して代理権を与えることについては、書面を作成する必要はないのでしょうか。

代理権を与える委任契約は、当事者間の合意のみで成立する諾成契約であり、書面によることは必要ありません。そのため、例えば、保証人となることを承諾した際の音声データの存在などにより保証意思が外部的に明らかになっている場合には、必ずしも保証人となろうとする者から主債務者に対する委任状の交付は必要ないとも考えられます。他方、裁判例の中には、「保証人となろうとする者が保証契約書の作成に主体的に関与した場合その他その者が保証債務の内容を了知した上で債権者に対して書面で明確に保証意思を表示した場合に限り」保証契約の効力が生じるとしたものがあります（東京高判平成24年１月19日金法1969号100頁）。同裁判例によれば、保証人となろうとする者が保証債務の詳細な内容を記載した委任状によって保証意思を表示することが必要であると考えられます。

この点に関して、確立した判例は存在しないものの、保証人の保護をより手厚くするために平成29年改正が行われた経緯等に照らせば、今後、債権者としては、保証人となろうとする者の代理人との間で保証契約を締結する場合には、保証債務の詳細な内容を記載した委任状の作成を確認・要求すべきでしょう。

Q 7 保証契約の締結②

保証契約を締結するのに公正証書の作成が必要な場合があると聞きました。それはどのような場合でしょうか。

A 7

①原則として、個人が保証人となる、事業のために負担する貸金等債務を主たる債務とする保証契約又は根保証契約については、契約締結前1か月以内に、保証人となろうとする者が公正証書を作成していなければ効力を生じません（民法465の6①）。

②例外として、①の場合であっても、経営者保証の場合（主債務者が法人である場合のその理事、取締役、執行役又はこれらに準ずる者が保証人となる場合）など一定の場合には、公正証書を作成しなくとも保証契約又は根保証契約の効力が生じます（民法465の9）。

解説

公正証書の作成と保証の効力

（1）公正証書の作成が必要な場合

令和2年4月1日以降、個人が保証人となる場合には、事業のために負担した貸金等債務を主たる債務とする保証契約又は主たる債務の範囲に事業のために負担する貸金等債務が含まれる根保証契約については、原則として、契約締結日前1か月以内に保証意思を表示した公正証書を作成しなければ、効力が生じないこととされました（民法465の６①）。なお、法人が保証人となる場合には、公正証書を作成する必要はありません（民法465の６③）。

これらの保証契約又は根保証契約に公正証書の作成が必要とされた趣旨は、これまで、事業に関する個人保証については、義理や人情から断り切れず、また、保証契約の内容や保証人となることの危険性を十分に理解することなく保証契約を締結するケースが多くみられ、その結果、莫大な負債を抱えて生活が破綻してしまうといった事例が多かったことから、個人保証を制限し、個人保証人となる者を保護することにあります。

(2)　例外的に公正証書の作成が不要となる場合

個人が保証人となる場合であっても、以下の者が保証人となる場合には、類型的に保証のリスクを十分に認識しないまま保証契約を締結してしまうおそれが低いため、例外的に公正証書の作成は不要とされました。

①　主債務者が法人である場合のその理事、取締役、執行役又はこれらに準ずる者（民法465の９一）

いわゆる経営者保証の場合には、保証人たる経営者が、主債務者である法人の意思決定に影響力を有しているほか、財務状況についても熟知していることから、公正証書の作成は不要とされました。「これらに準ずる者」とは、その名称を問わず、理事や取締役等と同様に法律上法人の重要な業務執行を決定する機関又はその構成員の地位にある者をいいます。例えば、宗教法人における責任役員や持分会社において業務執行役員が定められている場合における業務執行役員等がこれに当たります。

なお、実務的には、理事等に当たるか否かは、原則として登記事項証明書によって確認することになりますが、登記未了の場合などには、選任決議がなされた株主総会の議事録で確認することも考えられます。

② 主債務者が株式会社である場合の、主債務者の総株主の議決権の過半数を有する者（民法465の９二イ）

主債務者である株式会社の総株主の議決権の過半数を直接有する者についても、株式会社の経営について支配できる立場にあるといえることから、公正証書の作成は不要とされました。

なお、以下の③及び④についても当てはまることですが、保証人が主債務者である株式会社の総株主の議決権の過半数を有する者であるか否かの確認は、原則として、株主名簿によって行うことになります。しかし、中小企業においては、株主名簿を整備できていないことも想定されるので、法人税申告書の別表２を根拠資料の一つとして、主債務者及び保証人となろうとする者から、保証人となろうとする者が主債務者の総株主の議決権の過半数を有する者であるとの表明保証を得て、確認することも考えられます。もっとも、同別表２は、株主であることを証する法的効力は有しないので、実際の株主と同別表２記載の株主とが異なった場合、公正証書を作成せずに締結した保証契約は無効となるおそれがあるので留意が必要です。

③ 主債務者が株式会社である場合の、主債務者の総株主の議決権の

過半数を他の株式会社が有する場合における当該他の株式会社の総株主の議決権の過半数を有する者（民法465の９二ロ）

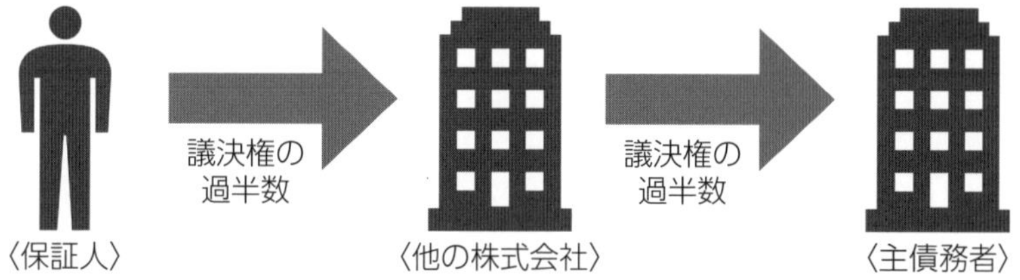

このような者についても、他の株式会社を通じて、主債務者である株式会社の経営について間接的に支配できる立場にあるといえることから、公正証書の作成は不要とされました。

④　主債務者が株式会社である場合の、主債務者の総株主の議決権の過半数を他の株式会社及び当該他の株式会社の総株主の議決権の過半数を有する者が有する場合における当該他の株式会社の総株主の議決権の過半数を有する者（民法465の９二ハ）

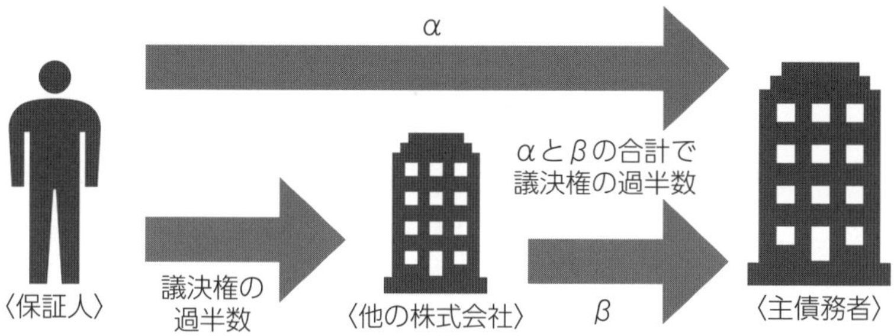

保証人が、自らが議決権の過半数を有する他の株式会社が有する議決権と併せて、主債務者の総株主の議決権の過半数を有する場合にも、主債務者の経営を支配できる立場にあるといえることから、公正証書の作成は不要とされました。

なお、主債務者が株式会社以外の法人である場合における、②ないし④に掲げる者に準ずる者についても、公正証書の作成は不要とされました（民法465の９二ニ）。

⑤　個人である主債務者の共同事業者、又は、個人である主債務者の事業に現に従事している主債務者の配偶者（民法465の９三）

共同事業者とは、個人事業主であって、業務執行の権限や代表権限など、事業の遂行に関与する権利を有し、当該事業について利害関係を有する者であることが必要とされています。①ないし④のように形式的に判断することは困難であり、個別的に判断することを要します。そのため、個人である主債務者の共同事業者に保証を依頼するときは、債権者や保証を委託する主債務者としては、後に保証契約の効力を否定されないように、念のために公正証書を作成しておくことが望まれます。

また、「事業に現に従事している配偶者」というためには、個人事業主が行う事業に実質的に従事していることを要します。そのため、実務的には、確定申告書の「専従者給与欄」等で確認することになると思われますが、書類上専従者とされているだけでは足りず、専従者としての実体を伴っていることが必要になります。なお、「配偶者」は、その文言どおり、法律上の配偶者のみを指します。

【フローチャート】

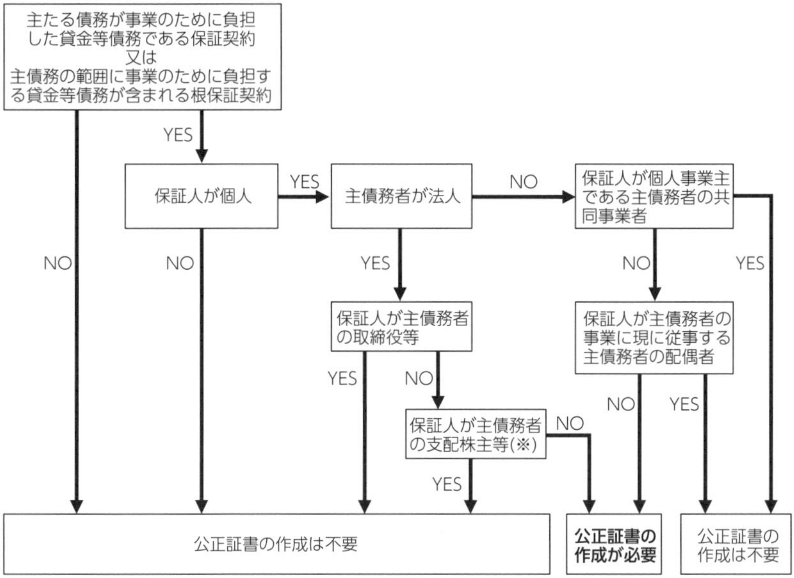

※支配株主等：本文（2）②～④に該当する場合をいいます。

Q 8 保証契約の締結③

保証契約を締結するのに公正証書の作成が必要な場合、どのように公正証書を作成すればよいのでしょうか。

A 8

①あらかじめ、公証人に対して、保証契約に関する資料を送付するなどして事前の打ち合わせを行ったうえで、保証契約を締結する日の1か月前以内に、公証役場において公正証書を作成することになります（民法465の6①）。

②公証役場では、公証人に対して、主たる債務の内容などの一定の事項を口授（口頭で申述）すると、公証人がこれを筆記した後に読み上げ又は閲覧させてくれますので、内容を確認した後、署名押印をすることになります（民法465の6②）。

③保証人となろうとする者が、口がきけない者や耳が聞こえない者である場合には、通訳人による通訳を介して作成することになります（民法465の7①②）。

解説

公正証書の作成方法

（1）原則的な作成手続

保証契約締結日の前1か月以内の日を作成日として、保証意思を表示した公正証書（これを「保証意思宣明公正証書」といいます。）を作成する必要があります（民法465の６①）。具体的な作成方法としては、まず、保証人となろうとする者自身が、公証人の面前で民法所定の内容を公証人に口授（口頭で申述）し、公証人は、口授された内容を筆記して、保証人となろうとする者に読み聞かせるか又は閲覧させます。そして、保証人となろうとする者は、公証人の筆記した内容が正確なことを承認した後、署名押印を行うことになります。最後に、公証人が民法所定の方式に従って作成されたものである旨付記したうえ、署名押印をすることで完成します（民法465の６②）。

保証人となろうとする者が公証人に対して口授すべき内容については、作成する契約により、以下の違いがあります。

①　保証契約を締結する場合

主たる債務の債権者及び主債務者、元本、利息、違約金、損害賠償その他その債務に従たるすべてのものの定めの有無及び内容、主債務者が債務を履行しないときは当該債務の全額について履行する意思を有することを口授する方法により、公正証書を作成しなければなりません（民法465の６②一イ）。ここにいう「その他その債務に従たるすべてのもの」とは、例えば、解約申入費用や契約締結費用等で主債務者が負担すべきものをいいます。なお、連帯保証を行う場合には、債権者が主債務者に対して催告をしたか否か、主債務者が主たる債務を履行することができるか否か又は他に保証人がいるか否かにかかわらず主たる債務の全額について履行する意思を有することについて、すなわち催告の抗弁及び検索の抗弁の不存在についても理解していることを口授する必要があります。

②　根保証契約を締結する場合

主たる債務の範囲及び債権者、主債務者、極度額、元本確定期日の定めの有無及び内容、主債務者が債務を履行しないときには、極度額の限度内で元本確定期日又は元本確定事由が生ずる時までに生ずべき主たる債務の元本、利息、違約金、損害賠償その他その債務に従たるすべてのものの全額について履行する意思を有することを口授する方法により、公正証書を作成しなければなりません（民法465の6②一ロ）。なお、連帯保証を行う場合に口授すべき内容は、保証契約を締結する場合と同じです。

③　具体的な作成の流れ

まず、保証人となろうとする者が、公証人に対して、保証意思宣明公正証書の作成を嘱託します。その後、決定された作成日までの間に、法律に定められた上記の各口授事項を記載した保証意思宣明書を作成し、内容を補足・説明するとともに公証人に対して事前に情報提供を行って、保証意思宣明公正証書の案文作成の準備をすることになります。そして、作成日当日には、公証役場に赴き、上記のとおり口授・内容確認・署名押印を行って、保証意思宣明公正証書を作成することになります。

(2) 作成手続の例外

保証人となろうとする者が、口がきけない者である場合には、口授は、通訳人の通訳による申述又は自書に代える必要があります（民法465の7①）。また、保証人となろうとする者が、耳が聞こえない者である場合には、口授を筆記した内容を通訳人の通訳により保証人となろうとする者に伝えることで、読み聞かせに代えることができます（民法465の7②）。そして、こうした例外的な手続により公正証書を作成したときは、公証人はその旨を証書に付記する必要があります（民法465の7③）。

【保証意思宣明公正証書作成の流れ図】

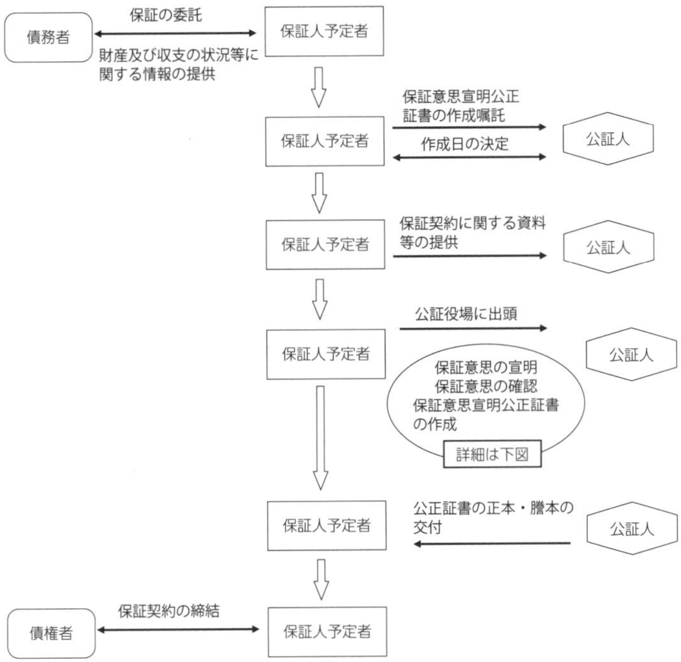

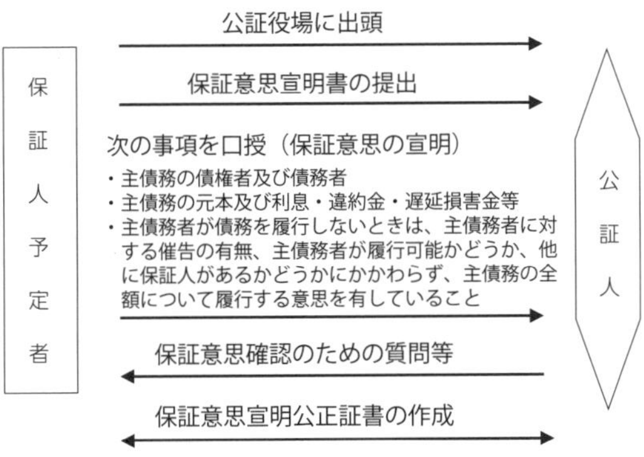

保証意思宣明公正証書の作成手数料は、保証債務の金額に関係なく、保証人及び保証契約ごとに１件１万1,000円です。

出典：日本公証人連合会ホームページ

（通常保証用）

保証意思宣明書

貴方が、これからしようとしている保証契約について、以下のことをお答え下さい。

<table>
<tr><td colspan="2">1 当事者について</td></tr>
<tr><td>(1) 債権者の住所・氏名

（法人の場合は法人名と代表者名）</td><td>住所
ﾌﾘｶﾞﾅ
氏名</td></tr>
<tr><td>(2) 主債務者の住所・氏名

（法人の場合は法人名と代表者名）</td><td>住所
ﾌﾘｶﾞﾅ
氏名</td></tr>
</table>

<table>
<tr><td colspan="2">2 保証債務の内容について
※ (2)、(3)、(4)、(5)については、有・無の□に✓を入れ、有の場合は、その内容を記載して下さい。</td></tr>
<tr><td>(1) 貸金等の元本額</td><td>円</td></tr>
<tr><td>(2) 利息の定め</td><td>□有・□無</td></tr>
<tr><td>(3) 違約金に関する定め</td><td>□有・□無</td></tr>
<tr><td>(4) 損害賠償（遅延損害金）に関する定め</td><td>□有・□無</td></tr>
<tr><td>(5) その他、保証すべきものの定め（上記の(1)ないし(4)以外で、保証の対象となっているもの、例えば、契約締結費用等があれば記載して下さい。）</td><td>□有・□無</td></tr>
</table>

<table>
<tr><td colspan="2">3 主債務者からの情報の提供について
主債務者は、保証人となることを依頼するときに、その依頼をする相手方に、①主債務者の財産及び収支の状況、②本件の主債務以外に負担している債務の有無並びにその額及び履行状況、③本件の主債務の担保として他に提供し、又は提供しようとするものがあるときは、その旨及びその内容に関する情報を提供しなければならないとされています。貴方は、主債務者から、このような情報の提供を受けたでしょうか。
下記(1)又は(2)のいずれかの□に✓をして下さい。提供を受けた情報の内容その他補足することがあれば右の欄に記載して下さい。</td></tr>
<tr><td>□(1) 情報の提供を受けた。
□(2) 情報の提供を受けていない。</td><td></td></tr>
</table>

<table>
<tr><td colspan="2">4 保証債務を履行する意思について
保証人は、債務者が債務を履行しないときは、自ら、保証した債務の全額を履行しなければなりません。また、連帯保証の場合には、債務者が債務を履行しないときは、債権者が債務者に催告したかどうか、債務者が履行できるかどうか、又は他に保証人があるかどうかにかかわらず、その債務の全額を履行しなければなりません。このことを理解した上で保証しますか。
下記(1)又は(2)のいずれかの□に✓をして下さい。質問等があれば右の欄に記載して下さい。</td></tr>
<tr><td>□(1) 理解した上で、保証する。
□(2) 理解が不十分なので説明してほしい。</td><td></td></tr>
</table>

<table>
<tr><td>5 その他の事項（任意：質問等があれば記載して下さい。）</td></tr>
<tr><td></td></tr>
</table>

以上のとおり、相違ありません。

令和　　年　　月　　日

嘱託人　　住　所

フリガナ
氏　名

生年月日（大正・昭和・平成）　　年　　月　　日生

出典：日本公証人連合会ホームページ

（根保証用）

保 証 意 思 宣 明 書

貴方が、これからしようとしている根保証契約について、以下のことをお答え下さい。

1 当事者について	
(1) 債権者の住所・氏名 （法人の場合は法人名と代表者名）	住所 ﾌﾘｶﾞﾅ 氏名
(2) 主債務者の住所・氏名 （法人の場合は法人名と代表者名）	住所 ﾌﾘｶﾞﾅ 氏名

2 根保証債務の内容について	
(1) 主たる債務の範囲	
(2) 根保証契約の極度額	円
(3) 元本確定期日の定めの有無	□有・□無（有の場合は、その内容を記載して下さい。）

3 主債務者からの情報の提供について	
主債務者は、根保証人となることを依頼するときに、その依頼をする相手方に、①主債務者の財産及び収支の状況、②本件の主債務以外に負担している債務の有無並びにその額及び履行状況、③本件の主債務の担保として他に提供し、又は提供しようとするものがあるときは、その旨及びその内容に関する情報を提供しなければならないとされています。貴方は、主債務者から、このような情報の提供を受けたでしょうか。 下記(1)又は(2)のいずれかの□に✓をして下さい。提供を受けた情報の内容その他補足することがあれば右の欄に記載して下さい。	
□(1) 情報の提供を受けた。 □(2) 情報の提供を受けていない。	

4 保証債務を履行する意思について	
保証人は、債務者が債務を履行しないときには、極度額の限度において、元本確定期日又は元本を確定すべき事由が生ずる時までに生ずべき、① 主たる債務の元本、②主たる債務に関する利息、③違約金、④損害賠償（遅延損害金）、⑤その他主たる債務に従たる全てのもの（契約費用等）の全額について履行しなければなりません。債務者と連帯して保証債務を負担する場合には、債権者が債務者に催告したかどうか、債務者がその債務を履行することができるかどうか、又は他に保証人があるかどうかにかかわらず、その全額について履行しなければなりません。このことを理解した上で根保証契約を締結しようとしていますか。 下記(1)又は(2)のいずれかの□に✓をして下さい。質問等があれば右の欄に記載して下さい。	
□(1) 理解した上で、保証する。 □(2) 理解が不十分なので説明してほしい。	

5 その他の事項（任意：質問等があれば記載して下さい。）

以上のとおり、相違ありません。

令和　　年　　月　　日

嘱託人　　住　所

フリガナ

氏　名

生年月日（大正・昭和・平成）　　年　　月　　日生

出典：日本公証人連合会ホームページ

（保証意思宣明公正証書のサンプル）

令和４年第●号

保証意思宣明公正証書

この公正証書は、公証人●●●●が保証意思宣明者●●●●の嘱託により、その陳述を筆記して作成する。

第１条（保証意思の宣明）　保証意思宣明者は、主たる債務の内容、債権者及び債務者が別紙「金銭消費貸借契約目録」記載のとおりであること、保証債務は、主たる債務の元本、主たる債務に対する利息、違約金、損害賠償その他その債務に従たる全ての債務を包含すること、主債務者がその債務を履行しないときは、保証意思宣明者がその債務の全額についてこれを履行する意思があることを表明する。

第２条（履行意思の宣明）　保証意思宣明者は、主たる債務について、弁済期が到来した場合又は期限の利益を喪失した場合は、債権者に対する主たる債務と同額の保証債務を履行する意思があることを表明する。

本　旨　外　要　件

＜以下、省略＞

（別紙）

＜以下、省略＞

Q9 保証契約の締結④

事業を行うために金融機関から借入れを行うのですが、保証人が必要と言われました。保証人の目途はついているのですが、何か必要な手続はあるのでしょうか。

A9

①主たる債務が「事業のために負担する債務」である場合、主債務者が個人に保証又は根保証の委託をするときは、主債務者は、保証人となろうとする者に対して、財産及び収支の状況などの一定の情報を提供する義務を負うこととされました（民法465の10①）。

②主債務者が上記の情報を提供しなかったことや、保証人となろうとする者が主債務者による事実と異なる説明を信じたことによって、保証契約又は根保証契約（以下「保証契約等」といいます。）を締結した場合には、債権者がそれらの事情を知っていたか、あるいは知ることができたときは、保証人から保証契約等を取り消されるおそれがあります（民法465の10②）。

解説

１．保証契約締結時における主債務者の情報提供義務

(1) 主債務者の情報提供義務の内容

令和２年４月１日以降、主債務者は、個人が保証人となる場合で

あって、事業のために負担する債務を主たる債務とする保証又は主たる債務の範囲に事業のために負担する債務が含まれる根保証の委託をするときは、保証人となろうとする者に対して、一定の情報を提供する義務を負うこととされました（民法465の10①）。

これは、これまで、保証人が、主債務者との個人的な関係から、主債務者の財産や債務、収支の状況などの信用情報を十分把握することなく保証契約を締結してしまい、結果的に、保証人の予想に反して多額の保証債務の履行を求められるという事態が多々生じていたため、保証契約締結時点で保証人となろうとする者に対して適切に情報を与え、保証契約の締結を慎重に判断させることを趣旨とするものです。こうした趣旨から、主債務者が、保証人となろうとする者に対して提供すべき情報については、①「財産及び収支の状況」、②「主たる債務以外に負担している債務の有無並びにその額及び履行状況」、③「主たる債務の担保として他に提供し、又は提供しようとするものがあるときは、その旨及びその内容」とされました（民法465の10①）。

なお、上記②の情報に関しては、具体的な個別の債権者に対してどれぐらい債務を負担しているかといった詳細な情報まで提供する必要はなく、全体の負債額がどれだけあるのかを説明すれば足りると考えられています。また、例えば、主債務者が保証人となろうとする者に対して、適切に作成した決算書を開示したうえでそれに基づき説明を行った場合には、上記①及び②の情報が同時に提供されたことになると考えられます。

公正証書の作成が必要な場合と同様に、主たる債務は、事業のために負担するものであることを要しますが、貸金等債務に限定されていません。例えば、ファイナンスリースのリース料の保証や賃貸借契約の賃料の保証なども、主たる債務が事業のために負担するものである限り、情報提供義務の対象となります。

また、主債務者が情報提供義務を負うのは、保証の委託をする場合に限られますので、保証の委託を受けずに保証人となった者に対しては、情報提供義務を負いません。その理由は、委託を受けた保証人は、主債務者との関係性から断り切れずに保証契約を締結してしまう傾向があるのに対し、上記の場合は、主債務者の意思とは関わりなく保証人になったり、通常は保証人となることを断ることが困難であるという事情が存在しないため、保証人となろうとする者自らの責任で情報収集を行うべきとされたことにあります。

なお、情報の「提供」の内容として、書面や資料の交付・送付のみで足りるか否かは議論があるところですので、主債務者としては、書面や資料に基づき、保証人となろうとする者に対して、可能な限り説明を行うべきでしょう。

主債務者が保証人となろうとする者に対して提供すべき情報をまとめると次の表のとおりになります。

提供すべき情報	主債務者	考えられる提供資料
財産及び収支の状況	法人	貸借対照表及び損益計算書等
	個人	確定申告書や財産債務調書等
主たる債務以外に負担している債務の有無並びにその額及び履行状況	法人	貸借対照表等
	個人	財産債務調書等
主たる債務の担保として他に提供し、又は提供しようとするものがあるときは、その旨及びその内容	法人及び個人	物的担保権を設定する不動産等が特定できる登記簿等

なお、上記提供資料の作成時期と情報を提供すべき時期がずれ、既存の資料では現況に則した適切な情報の提供を行うことができない場合には、別途現況を把握することができる資料を作成したうえで、情

報を提供する必要があることに注意が必要です。

(2) 情報提供義務違反の効果

主債務者が、情報提供義務に違反して、委託を受けて保証人となろうとする者に対して情報を提供せず、又は事実と異なる情報を提供したために同人が事実を誤認し、それによって保証契約の締結に至った場合に、債権者が情報提供義務違反を知っていたか知ることができたときは、保証人が、保証契約を取り消すことができます（民法465の10②）。情報提供義務違反による保証人の事実誤認と保証契約の締結との間には因果関係が必要なため、保証契約の締結の意思決定に影響しないような軽微な情報提供義務違反については取消しの対象とはならない点に留意が必要です。

実務上は、主債務者が保証人となろうとする者に対して情報提供を行った事実を明確にするために、保証人となろうとする者から、債権者に対して、正確に情報提供を受けた旨を証する書面を提出することになると考えられます。もっとも、債権者が保証人からこのような書面の提出を受けていたこと一事をもって直ちに情報提供義務違反を知らなかったと認められるわけではありません。

保証契約が取り消された場合には、債権者から新たに担保提供を求められたり、主たる債務についての契約を解除されるなどのおそれがあります。

覚　書

委託者（主債務者）●●●●（以下「甲」という。）と受託者（保証人）●●●●（以下「乙」という。）は、甲と●●●●（主たる債務の債権者）との間の「令和●年●月●日付け金銭消費貸借契約」（以下「本件金銭消費貸借契約」という。）に関して、以下のとおり確認する。

甲は、乙に対し、民法465条の10第１項の規定に基づき、下記事項に関する真実の情報を正確に提供し、乙は、甲から、当該情報の提供を受けたことを相互に確認する。

記

１．甲の財産及び収支の状況

２．甲が本件金銭消費貸借契約に基づく債務以外に負担している債務の有無並びにその額及び履行状況

３．甲が本件金銭消費貸借契約に基づく債務の担保として他に提供し、又は提供しようとするものがあるときは、その旨及びその内容

以上

＜以下、省略＞

２．その他必要な手続

詳細はＱ７に譲りますが、本問のように、主たる債務が事業のための借入金の返還債務である場合に、個人に対して保証人となることを委託するときは、原則として、契約締結日前１か月以内に保証意思を表示した公正証書（以下「保証意思宣明公正証書」といいます。）を

作成する必要があります（民法465の６①）。

したがって、主債務者としては、保証人となろうとする者に対して、上記の各情報を提供するほか、保証契約等の締結日前１か月以内に、保証人となろうとする者に保証意思宣明公正証書を作成してもらう必要があります。

なお、例外的に、本問の主債務者が法人であって、当該法人の役員等が保証人となる場合や、主債務者が個人であっても、主債務者と共同して事業を行う個人事業主が保証人となる場合には、保証意思宣明公正証書の作成は不要です（民法465の９）。

Q10 債権者の情報提供義務

私は、金融機関の担当者です。保証人と保証契約を締結するにあたり注意が必要な点があれば教えてください。

A10

①債権者は、主債務者の委託を受けて保証契約を締結した保証人から、主たる債務の元本及び利息などの履行状況等に関する情報を提供するよう請求があった場合には、遅滞なく、当該情報を提供しなければなりません（民法458の２）。

②債権者は、保証人が個人である場合において、期限の利益を有する主債務者がその利益を喪失したときは、保証人に対して、期限の利益の喪失を知った時から２か月以内に、主債務者が期限の利益を失った旨の通知をしなければなりません（民法458の３①）。

③後に保証人から保証契約を取り消されることのないように、主債務者の保証人になろうとする者に対する情報提供義務の履行の担保として、保証人から、主債務者より正確に情報提供を受けた旨の書面の提出を受けておくべきです（民法465の10②、Ｑ９参照）。

解説

1．債権者の保証人に対する情報提供義務等

(1) 主たる債務の履行状況等の情報の提供義務

個人であると法人であるとを問わず、主債務者の委託を受けて保証人となった者から、保証契約の締結後に、債権者に対して、主たる債務の元本及び利息、違約金、損害賠償その他その債務に従たるすべてのものについての不履行の有無並びにこれらの残額及びそのうち弁済期が到来しているものの額に関する情報提供の請求があったときは、債権者は、遅滞なく、当該情報を提供しなければなりません（民法458の２）。この制度の目的は、保証人が知らないうちに主債務者が弁済を怠り、突然、保証人が残債務の一括請求を受けるといった事態を防ぎ、保証人が、自ら負担することになる債務の金額等について予測して、対処できるようにすることにあります。

情報提供の方法については、特に法定されていないため、口頭による提供も可能ですが、後の紛争予防のためにも書面により情報提供を行うべきでしょう。なお、ここにいう「主たる債務」は、貸金等債務（金銭の貸渡し又は手形の割引を受けることによって負担する債務）に限定されていません。

債権者が、上記の情報提供を行わず、又は虚偽の情報を提供するなどして情報提供義務に違反した場合は、これにより保証人が損害を被ったときは、損害賠償を請求されることが考えられますし（民法415)、場合によっては、保証契約の解除を求められることも考えられます（民法541)。

なお、債権者が上記の情報提供義務を負うのは、主債務者の委託を受けた保証人から請求があった場合のみです。これは、提供すべき情

報の内容が主債務者の信用情報に該当するので、主債務者の委託を受けずに保証人となった者に対してまでこうした情報を提供すべきとすることはふさわしくないと考えられているためです。そのため、主債務者の委託を受けていない保証人から情報提供の請求があった場合には、主債務者に対する守秘義務との関係に配慮して、主債務者の同意を得たうえで保証人に情報を提供するなどの対応をとる必要があります。

(2) 主債務者の期限の利益喪失に関する情報の通知義務

債権者は、主債務者の委託の有無を問わず、保証人が個人である場合に、主債務者が期限の利益を喪失したときは、保証人に対して、期限の利益の喪失を知った時から２か月以内に、主債務者が期限の利益を喪失した旨の通知を行わなければなりません（民法458の３①)。この制度の目的も、保証人が知らないところで主債務者が期限の利益を失うことにより、保証人が突然、債権者から残債務や積み重なった遅延損害金を一括請求されるなどして重い負担を負わされることを回避することにあります。

「期限の利益の喪失」とは、例えば、主たる債務にかかる契約において、毎月末限りの分割払いとするものの、主債務者が一度でも弁済を怠ったときは、残債務を一括で支払うものとする定めがあるような場合に、実際に主債務者が弁済を怠ったときがこれに当たります。なお、債権者は、主債務者が期限の利益を喪失したことを知った時から２か月以内に、保証人に対して通知を到達させる必要があります。

債権者が、上記の通知義務に違反して保証人に対する通知を怠った場合は、債権者は、保証人に対して、主債務者が期限の利益を喪失した時から実際に通知が到達するまでに生じた遅延損害金（期限の利益を喪失しなかったとしても生じていたはずであるものを除きます。)

についての保証債務の履行を請求することができなくなります（民法458の３②）。

債権者が保証人に対して負う義務を整理すると以下のとおりになります。

	①情報提供義務	②通知義務
保証人の属性	個人・法人の別を問わず、委託を受けた保証人	委託の有無を問わず個人のみ
履行時期	保証人の請求があったとき	主債務者の期限の利益の喪失を知った時から２か月以内
義務の内容	主たる債務の元本及び利息、違約金、損害賠償その他その債務に従たるすべてのものについての不履行の有無並びにこれらの残額及びそのうち弁済期が到来しているものの額に関する情報	主債務者が期限の利益を喪失したこと
義務違反の効果	規定されていない ※損害賠償請求や保証契約の解除の可能性がある	主債務者が期限の利益を喪失した時から保証人に通知が到達したときまでの間に生じた遅延損害金相当額の保証債務の履行請求ができなくなる

２．その他注意が必要な点

(1) 主債務者の情報提供義務の履行確保

詳細は、Ｑ９に譲りますが、主債務者は、個人が保証人となる場合であって、事業のために負担する債務を主たる債務とする保証等を委託するときは、保証人となろうとする者に対して、一定の情報の提供義務を負います（民法465の10①）。この義務との関係で、債権者には、主債務者から保証人となろうとする者に対して情報提供がなされたか否かを調査・確認すべき義務はないとされています。

しかしながら、主債務者が情報を提供せず、又は事実と異なる情報を提供したために保証人が事実を誤認し、それによって保証契約の締結に至った場合は、債権者が情報提供義務違反を知っていたか知ることができたときは、保証人から保証契約を取り消されるおそれがあります（民法465の10②）。そのため、債権者としては、後日保証人から保証契約を取り消されることのないよう、主債務者が情報提供義務を果たしたか否かを積極的に確認すべきでしょう。

具体的には、保証人に対して、主債務者より情報提供が行われたか否かを確認したうえで、念のために、表明保証する（一定の事項が真実かつ正確であることを表明して内容を保証するもの）書面などを取得することが考えられます。

(2)　金融機関が債権者の場合における調査義務

最高裁は、本問のように、債権者が金融機関であって、信用保証協会が保証人となる場合において、金融機関には、主債務者が反社会的勢力であるか否かについて、また、主債務者が中小企業の実体を有する者であることについて、その時点で一般的に行われている調査方法等に鑑みて相当と認められる調査をすべき義務があると判断しています（最判平成28年１月12日民集70巻１号１頁、最判平成28年12月19日集民254号105頁）。これらの最高裁判決は、金融機関に上記調査義務の違反があった場合には、保証契約上の免責条項である「保証契約に違反したとき」に当たるとして、保証債務の全部又は一部が免責される旨判示しています。したがって、金融機関が債権者となる場合には、事案に応じて個別具体的な調査義務を課され得る点には留意が必要です。

(3)　経営者保証ガイドライン

日本商工会議所と全国銀行協会が共同で設置した、「経営者保証に関するガイドライン研究会」が保証に関する指針を定めた「経営者保証ガイドライン」というものがあり、平成26年２月１日から適用を開始されています。自主的自律的な準則であり、法的拘束力を伴うものではありませんが、実務上、銀行業務及び金融庁の指導の指針とされていることから、金融機関に対して事実上の強制力を有するといえます。そのため、金融機関としては、民法上の規定だけでなく、経営者保証ガイドラインに則して策定された社内規定等に従って保証契約の要否を見極めることが重要になります。

Q11 経営者が会社の債務を保証する場合の留意点

私は会社を経営していますが、会社が金融機関から借入れを行うにあたり、私個人の保証が必要と言われています。民法改正で保証には公正証書の作成が必要とも聞きましたが、私の場合も必要なのでしょうか。

A11

①経営者保証の場合（主債務者が法人である場合のその理事、取締役、執行役又はこれらに準ずる者が保証人となる場合）には、公正証書を作成しなくとも保証契約又は根保証契約は有効に成立します(民法465の９一)。

②主債務者が中小企業であって、当該中小企業の経営者が保証人となる場合には、一定の要件を満たすときは、経営者保証ガイドラインの適用対象となるため、金融機関に対して、同ガイドラインに従って、経営者保証に代わる信用補完手段の検討を求めることも検討すべきです。

解説

１．原則論

令和２年４月１日以降、個人が保証人となる場合には、事業のために負担した貸金等債務（金銭の貸渡し又は手形の割引を受けることによって負担する債務）を主たる債務とする保証契約又は主たる債務の範囲に事業のために負担する貸金等債務が含まれる根保証契約（以下「保証契約等」といいます。）については、原則として、契約締結日前１か月以内に保証意思を表示した公正証書を作成しなければ、効力が生じないこととされました（民法465の６①）。

「事業」とは、その営利性を問わず、一定の目的をもってされる同種の行為の反復継続的遂行をいいます。そのため、例えば、非営利法人に対する貸付けであっても、事業目的を有する場合には、「事業のために負担した」という要件に該当することになります。また、貸付けに際して、事業目的以外の他の目的が併存する場合や事業への使用を含む使途自由の貸付けの場合にも、「事業のために」という要件に該当するものと考えられています。

２．経営者保証の場合の例外

もっとも、経営者保証の場合、具体的には、主債務者が法人である場合の当該法人の理事、取締役、執行役又はこれらに準ずる者（以下「経営者」といいます。）、総社員又は総株主の議決権の過半数を有する者、主債務者が個人事業主である場合の共同経営者及び事業従事配偶者が保証人となる場合については、保証意思を表示した公正証書を作成しなくとも、保証契約等は有効に成立します（民法465の９）。なお、「これらに準ずる者」とは、その名称を問わず、理事や取締役等と同様に法律上法人の重要な業務執行を決定する機関又はその構成員の地位にある者をいいます。例えば、宗教法人における責任役員や持分会社において業務執行役員が定められている場合における業務執行役員等がこれに当たります。

経営者保証の場合には、保証人たる経営者が、主債務者である法人の意思決定に影響力を有しているほか、財務状況についても熟知しているため、類型的に保証のリスクを十分に認識しないまま保証契約を締結してしまうおそれが低いこと、また、自ら経営する会社の債務について経営者自身が責任を負わなくてよいとするとモラルハザードが生じる懸念があることなどから、公正証書の作成は不要とされました。

例外的に公正証書の作成が不要となる経営者には、事実上の経営者である者は含まれず、法律上の経営者である必要があります。また、例えば、実際に業務を行っていない名目的な取締役であっても、法律上の手続を経て正式に選任された者である限り、公正証書の作成が不要となる経営者の範囲に含まれることになります。実務的には、公正証書の作成が不要となる経営者に該当するか否かは契約の有効性に影響を与える重要な事項であるため、その該当性判断は慎重に行う必要があるので、口頭での確認だけでなく、登記事項証明書あるいは取締役等に選任された際の株主総会議事録及び運転免許証等の本人確認書類で、法律上の経営者である旨を確認されることになると思われます。

３．経営者保証ガイドライン

詳細はQ12に譲りますが、平成26年２月１日から、中小企業の経営者保証に関する中小企業、経営者保証人、金融機関の対応についての中小企業団体及び金融機関団体共通の自主的自律的な準則である「経営者保証ガイドライン」（以下「ガイドライン」といいます。）の適用を開始しました。以下の要件を満たす保証契約が、ガイドラインの適用対象となります（ガイドライン３項）。

①保証契約の主債務者が中小企業であること。
②保証人が個人であり、次に定める者であること。 ア　主債務者である中小企業の経営者であること。 イ　主債務者である中小企業の実質的な経営権を有している者、営業許可名義人又は経営者の配偶者（当該経営者と共に当該事業に従事する配偶者に限る） ウ　経営者の健康上の理由のため、事業承継予定者が保証人となる場合の当該予定者 エ　財務内容その他の経営の状況を総合的に判断して、通常考えられるリスク許容額を超える融資の依頼がある場合であって、当該事業の協力者や支援者からそのような融資に対して積極的に保証の申出があった場合等の当該協力者や支援者
③主債務者及び保証人の双方が弁済について誠実であり、対象債権者の請求に応じ、それぞれの財産状況等（負債の状況を含む）について適時適切に開示していること。
④主債務者及び保証人が反社会的勢力でなく、また、そのおそれもないこと。

ガイドラインの適用対象となる中小企業の経営者としては、金融機関から借入れを行う場合には、自らが保証人となることを回避するために、自らがガイドラインの適用対象となること及びガイドラインに従って対応をしていることを説明し、経営者保証の代替手段の検討を求めていくことも検討すべきです。経営者保証の代替手段としては、例えば、会社で保有する在庫や売掛金等の流動資産を担保とすることや金利を上乗せすることなどが考えられます。

Q12 経営者保証ガイドライン

私は会社を経営しているのですが、経営者保証ガイドラインがあるという話を聞きました。これによって個人保証を外すことができるのでしょうか。

A12

①経営者保証ガイドラインとは、中小企業団体及び金融機関団体共通の自主的自律的な準則として定められた、経営者保証に関するルールです。

②自主的なルールなので必ずしも個人保証を外せるわけではないですが、一定の条件を満たせば、金融機関との話し合いで個人保証を外すことができる可能性があります。

解説

1．経営者保証に関するガイドライン

(1) 概要

経営者保証に関するガイドラインとは、平成25年12月に策定（平成26年２月１日から適用）された、中小企業の経営者保証に関する中小企業団体及び金融機関団体共通の自主的なルールです。

中小企業に対する融資を行う際に同時に経営者保証が行われていたこれまでの慣行を見直し、中小企業と金融機関の継続的かつ良好な信

頼関係の構築・強化を図るとともに、中小企業における創業・成長・早期の再生などへの取り組み意欲の増進を図る目的で定められました。

具体的な内容としては、①経営者保証に依存しない融資の一層の促進、②経営者保証の契約時の債権者の対応、③既存の保証契約の適切な見直し、④保証債務の整理について定められています。

(2) 策定の背景

ここまで何度か出てきた話ですが、保証という制度は、債務者の信用を補強して債権者が融資を行うことを容易にする効果があります。そのため、中小企業の融資の場面においても、経営者が保証人となり資金調達を円滑にしていたという経緯があります。また、経営者が保証人になることで、中小企業の経営に責任をもたせるという面もありました。

一方で、①個人保証への依存が、借り手・貸し手双方が本来期待される機能（情報開示、事業目利き等）を発揮していく意欲を阻害している、②個人保証の融資慣行が、貸し手側の説明不足、過大な保証債務負担の要求とともに、借り手・貸し手間の信頼関係構築の意欲を阻害している、③経営者の原則交代、不明確な履行基準、保証債務の残存等の保証履行時等の課題が、中小企業の創業、成長・発展、早期の事業再生や事業清算への着手、円滑な事業承継、新たな事業の開始等、事業取り組みの意欲を阻害している、などの問題点が指摘されていました。

そこで、中小企業団体及び金融機関団体の関係者、学識経験者、専門家等の議論を踏まえ、中小企業団体及び金融機関団体共通の自主的自律的な準則として、策定・公表されるに至っています。

(3) 適用の状況

経営者保証に関するガイドラインについては、平成26年２月の適用以後、それぞれの適用場面において一定程度用いられており、制度として定着してきています。

特に、政府系金融機関における活用実績が目立っており、新規に融資する場面においては、新規融資件数のうち38%、融資金額の64%が経営者保証なしの融資となっています（令和２年度）。一方で、民間金融機関では、経営者保証なしでの融資は新規融資件数のうち約27%（令和２年度）にとどまっています。

2．具体的な内容

(1) 全体像

経営者保証に関するガイドラインにおいては、具体的に次の内容について定められています。

ポイント	概要
経営者保証に依存しない融資の一層の促進	新規融資の際に経営者保証を行わないことの促進とその際に考慮すべき事項。
経営者保証の契約時の債権者の対応	やむを得ず経営者保証を行う際に債権者に求められる施策。
既存の保証契約の適切な見直し	既存の経営者保証契約についての適時の見直しを促進。
保証債務の整理	会社の破産などにより保証人の保証債務が現実化した際における、保証債務の整理の手続及びその際に考慮すべき具体的な事項。

(2) 経営者保証に依存しない融資の一層の促進

経営者保証に関するガイドラインは、新規に融資を実行する際に、経営者保証に依存しない融資を行うよう促しています。そして、その促進のために、主たる債務者、保証人、債権者それぞれに対し具体的な対応を求めています。

主たる債務者及び保証人における対応としては、①法人と経営者との関係の明確な区分・分離、②財務基盤の強化、③財務状況の正確な把握、適時適切な情報開示等による経営の透明性の確保です。

まず、①法人と経営者との関係の明確な区分・分離ですが、従来は、「会社と経営者が一体」と考える経営者が多かったことから、経営者の規律を図る目的で経営者保証を行うという側面もありました。経営者保証に依存しない融資を促進するためには、会社と経営者との関係を明確に区分する必要があります。具体的に求められているのは、会社の事業用資産について経営者個人が所有している状況の解消、会社から経営者への貸付け等による資金流出の防止、会社の資産・経理と経営者の資産・家計を適切に分離することなどです。

次に、②財務基盤の強化ですが、上で述べたとおり、経営者保証は主たる債務者である会社の信用力を補完する手段の一つとして機能しています。反面、会社の財務状況が改善し返済能力が向上すれば、経営者保証による信用力の補完を行わなくてよい、ということになります。より具体的には、業績が堅調で十分な利益（キャッシュフロー）を確保している、内部留保が潤沢であることが期待されています。

③財務状況の正確な把握、適時適切な情報開示等による経営の透明性の確保ですが、これは、債権者からとってみれば、会社及び経営者の現在の状況を正確に把握することで、経営者保証がなくても安心して融資が実行できるということになります。ひいては、債権者と債務者である会社、経営者との信頼関係が構築できるようになります。

債権者における対応としては、停止条件又は解除条件付保証契約

（停止条件付保証契約とは、主たる債務者が特約条項に抵触しない限り保証債務の効力が発生しない保証契約です。また、解除条件付保証契約とは、主たる債務者が特約条項を充足する場合は保証債務が効力を失う保証契約です。経営者保証に関するガイドライン５頁脚注６参照。）、ＡＢＬ（流動資産担保融資。売掛債権や棚卸資産など会社の流動資産を担保として実行される融資を指します。）、金利の一定の上乗せ等の経営者保証の機能を代替する融資手法のメニューの充実を図ることとされています。また、会社と個人の一体性の解消が図られている会社で一定の要件を満たしている会社が資金調達を要請した場合には、経営者保証を求めない可能性や上記の代替手法を活用する可能性について、会社の意向も踏まえたうえで検討することを求めています。

(3) 経営者保証の契約時の債権者の対応

会社の状況によっては、債権者が経営者保証を求めることがやむを得ないと判断されることもあります。経営者保証に関するガイドラインは、債権者が経営者保証を求める場合であっても、①保証契約の必要性等に関する丁寧かつ具体的な説明、②適切な保証金額の設定に努めるよう求めています。

まず、①保証契約の必要性等に関する丁寧かつ具体的な説明ですが、具体的には、なぜ経営者保証が必要なのか（どの要件を満たしていないのか）、どのような改善を図れば保証契約の変更・解除の可能性が高まるのかを説明・助言することが求められています。

②適切な保証金額の設定ですが、保証金額によっては、経営者の負担が過大となり、経営者の様々な取り組みに対する阻害要因になっています。そこで、債権者に対し、形式的に保証金額を融資額と同額とはせず、保証人の資産及び収入の状況、融資額、主たる債務者の信用

状況、物的担保の設定状況、情報開示の姿勢等を総合的に勘案して設定するよう求めています。より具体的には、保証債務の履行請求額を一定の基準日における保証人の資産の範囲内としてそれ以降の保証人の収入を含まないようにすることや、保証人の資産の適正性について専門家の確認を受けたうえで一定の条件の下で保証人の債務を履行請求時の資産の範囲内とすることを検討することを求めています。

(4) 既存の保証契約の適切な見直し

経営者保証に関するガイドラインは、上記（2)、(3）の観点から、既存の保証契約についても、適時に見直しを行うように求めています。具体的には、会社や経営者が債権者に保証契約を見直すよう求める場合には（2）で述べたような経営状況を将来にわたって維持するよう努めることを求めています。債権者に対しては、会社や経営者から保証契約の見直しを求められた場合には、真摯かつ柔軟に検討し、その検討結果について会社や経営者に対して丁寧かつ具体的に説明するよう求めています。

また、会社の事業承継時には、保証契約の見直しを行う必要性が生じます。そこで、前経営者との保証契約を解除するのか、後継者との保証契約を新たに締結する必要があるのかについて、改めて検討するよう求めています。

(5) 保証債務の整理

破産や民事再生手続など、会社が債務を返済できない場合において、経営者保証を行っていた場合には、保証人が負担する保証債務についても整理する必要性が生じます。経営者保証に関するガイドラインは、保証債務の整理についての準則についても定めています。

具体的には、①ガイドラインを適用できる場合（保証人)、②保証債務の整理の手続、③保証債務の整理を図る場合の対応について定められています。

特に、③保証債務の整理を図る場合の対応については、保証人の負担が過度なものにならないよう配慮がされています。具体的には次のような方策が求められています。

・保証債務に関する一時停止や返済猶予を検討すること
・経営者の経営責任について一律かつ形式的に経営者の交代を求めずに経営者が引き続き経営に携わることに一定の経済合理性がある場合にはこれを許容するようにすること（会社の私的整理を行う場合など）
・保証人の手元に残す残存資産の範囲について支援専門家とも連携しつつ柔軟に検討すること
・保証債務の弁済計画を定めること
・保証債務を一部履行した際に残存する保証債務の免除要請について誠実に対応すること

３．Ｑへの回答

以上のとおり、経営者保証ガイドラインは、自主的なルールですから、必ずしも経営者保証が外せるわけではありません。

ただし、一定の要件を満たせば、金融機関が経営者保証を外すことに応じてくれる可能性があります。まずは金融機関の担当者に相談してみることがよいでしょう。

Q13 会社が保証する場合の手続

子会社が金融機関から借入れを行うにあたり、親会社であるわが社でその債務の保証をすることになりました。何か必要な手続はあるのでしょうか。

A13

①親会社の代表取締役が子会社の代表取締役を兼任していた場合、親会社が子会社の債務を保証することは、利益相反取引に該当します。

②利益相反取引については、取締役会において重要な事項を開示し、その承認を得る必要があります。

解説

1．利益相反取引（会社法356①三）該当性

(1) 代表取締役を兼任する場合

子会社が金融機関から借入れを行う場合、親会社が子会社の債務を保証するケースがあります。それ自体は、実際にはよく行われており、むしろ信用力がない子会社の債務を信用力が強い親会社が保証しているので非常に理にかなっています。

ただ、グループ会社ではよくあることですが、子会社と親会社の代表取締役を同一の人物が務めている場合には注意が必要です。２つの

会社の代表者を同一人物が兼務している場合、その代表者が両方の会社を代表して、一方の会社の債務をもう一方の会社が保証する契約を締結することについて、判例は、当該取引は利益相反取引（会社法356①三）に該当すると判断しています（最判昭和45年４月23日民集24巻４号364頁）。

次の図を見てください。

【図】

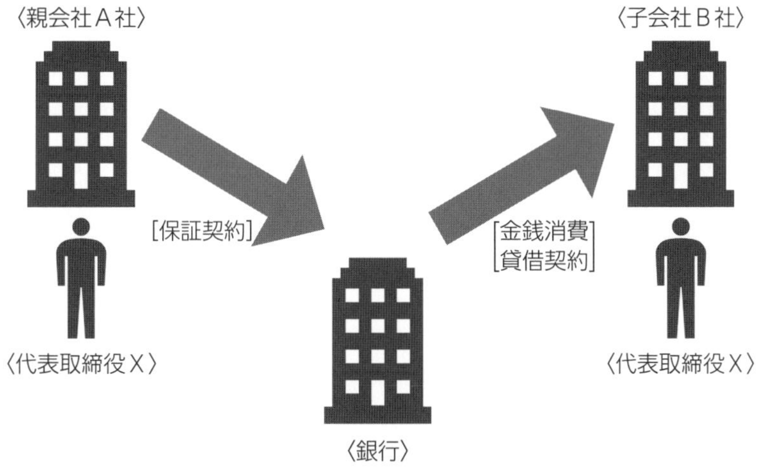

親会社であるＡ社の代表取締役と、子会社であるＢ社の代表取締役をＸ氏が兼務しています。Ａ社がＢ社の債務を保証する場合には、Ｘ氏がＡ社を代表して債権者と保証契約を締結することになります。この保証契約を締結する際は、あくまでＡ社と債権者との取引なので、表面上は、Ｘ氏が代表取締役として利益が相反する取引を行ったようには見えません。

しかし、Ａ社が保証する行為は、単にそれだけを見ればＡ社の利益に資するというよりも、信用力が補完された主たる債務者であるＢ社の利益となっています。Ａ社の代表取締役であるＸ氏は、Ａ社と債権者との保証契約を締結することで、代表取締役を兼任しているＢ社の利益を図る一方で、Ａ社には保証債務の発生という不利益を生じさせています。したがって、Ａ社にとってＸ氏が締結した保証契約の締結は、Ａ社の利益とは相反する取引、ということになります。

(2) 100%子会社の場合

上記の利益相反取引の規制に該当するのは、Ｂ社がＡ社の100%子会社でない場合です。100%子会社でない場合には、Ｂ社はＡ社の子会社ではあるものの、Ｂ社には他の株主が存在しますから、親会社と子会社の利益が対立します。一方で、Ｂ社がＡ社の100%子会社の場合には、親子会社間の利益対立は生じませんから、利益相反取引の規制は該当しないと考えられています。ただし、子会社がすでに破綻に瀕しているような特別の事情がある場合には、親会社株主の保護の必要性があることから利益相反取引の規制の対象になるという見解もあります。

2．利益相反取引に該当する場合の手続

(1) 取締役会での承認と重要事項の開示

取締役の行為が利益相反取引に該当する場合、取締役は、その取引について取締役会（取締役会非設置会社の場合には株主総会）に重要な事実を開示し、承認を受けなければなりません（会社法356①三、365①）。

承認の前提となる重要事実の開示は、取締役会（又は株主総会）が承認すべきか否かを判断するための資料を提供するために行われますから、重要性の判断についてもこの観点からなされます。一般的には、取引の種類、目的物、数量、価格、履行期、取引の期間、主債務

者の返済能力などを開示すべきとされていますが、保証契約を締結する場合には、次のような事情を開示すべきと思われます。

・主たる債務の借入先
・主たる債務の借入金額と保証金額
・主たる債務の利息
・主たる債務の返済方法と弁済期
・借入れの目的
・担保の有無
・契約予定日
・主債務者の返済能力など

(2) 取締役会議事録の例

上記1.(1)の図をもとに、取締役会議事録の例を次に示しますので、参考としてみてください。

取締役会議事録

令和●年●月●日●時●分より当会社本店会議室において、取締役会を開催した。

取締役総数　3名　　出席取締役　3名
監査役総数　1名　　出席監査役　1名
出席取締役　X　出席取締役　Y
出席取締役　●　出席監査役　●

上記のとおり出席があったので定刻取締役Yは議長となり開会を宣し直ちに議事に入った。なお、第1号議案である利益相反取引承認の件について、代表取締役Xは特別利害関係人に該当するから、Yが議長となり、議事を進行した。

第1号議案　利益相反取引承認の件

代表取締役Xは、当社の子会社であるB社が株式会社●銀行より融資を受けるに際し、当社が保証する必要がある旨を述べ、その詳細を説明した。

議長がその賛否を議場に諮ったところ、満場一致をもってこれに賛成したことから、議長は本議案が原案どおり承認可決したことを宣した。なお、代表取締役Xは特別利害関係人に該当するから、議決に参加しなかった。

記

借入先　株式会社●銀行
借入金額と保証金額　金●万円
利息　年●％

返済方法	月額●万円の分割払い
弁済期	令和●年●月●日
担保の有無	●県●市所在の不動産
契約予定日	令和●年●月●日
借入の目的	運転資金

以上をもって本取締役会の議案を終了したので、議長は閉会の挨拶を述べ●時●分散会した。

上記決議を明確にするため、この議事録を作成し、出席取締役及び出席監査役が次に記名捺印する。

令和●年●月●日
Ａ株式会社

	代表取締役	X
議長	取締役	Y
	取締役	●
	監査役	●

第3章
保証債務の履行

Q14 保証債務の履行①

保証人が保証債務を履行しなければならないのはどのような場合か教えてください。

A14

①保証人は、債務者がその債務を履行しない場合には、保証債務を履行する必要があります。保証人は、債権者から請求があった場合、まずは主債務者本人に請求してくれと反論し、また、主債務者には返済できる財産があるうえ、その財産から容易に回収ができるから、主債務者に請求してくれと反論することで保証債務の履行を拒むことができます。

②具体的には、通常保証を行った保証人は、保証人に催告・検索の抗弁が認められない場合、主債務者が死亡し、その相続人全員が相続放棄した場合、主債務者が破産した場合、主債務者が行方不明になった場合、主債務者が休眠会社になった場合、主債務者が自身の所有する不動産に抵当権を設定している場合であっても保証債務を履行する必要があります。

③連帯保証の場合には、通常の保証とは異なり、保証人には催告の抗弁、検索の抗弁がないことから、債権者は、主債務者と同時に保証人に対し保証債務の履行を請求することができます。

解説

１．通常保証の場合の保証人の責任

（1）保証債務の補充性

保証人は、主債務者がその債務を履行しない場合に、保証債務を履行する必要があります（民法446①）。例えば、主債務者がお金を借りていた場合には、保証人は、主債務者が債権者にお金を支払わない場合に初めて保証人としての責任を負うことになります。このような、主債務者がその債務を履行しない場合に、初めて保証人がその責任を負う性質のことを保証債務の補充性といいます。

（2）催告・検索の抗弁

保証債務の補充性から、保証人は、債権者から請求があった場合、まずは主債務者本人に請求してくれと反論（これを「催告の抗弁」といいます。民法452）し、また、主債務者には返済できる財産があるうえ、その財産から容易に回収ができるから、主債務者に請求してくれと反論（これを「検索の抗弁」といいます。民法453）することができます。主債務者の財産から容易に回収ができるかどうかは、例えば、主債務者の住所にある動産や有価証券は、回収が容易といえますが、不動産や外国にある財産については、一般的に回収が容易とはいいにくいです。

もっとも、保証人が催告の抗弁を主張したとしても、債権者は、裁判上の手続を経ないで主債務者に支払うよう請求することで、保証人の催告の抗弁に応じたことになります。そのため、催告の抗弁は保証人が債権者からの請求を一時的に拒めるにすぎず、保証人の反論としては実効性が乏しくなります。一方で、検索の抗弁は、債権者が主債務者の財産から債権を回収するまで保証債務の履行を拒めるので、保証人の反論としての実効性があります。

結局、債権者から保証人に対し保証債務の履行を請求された場合、保証人の上記反論が認められる場合（特に検索の抗弁）には、保証人は保証債務を履行する必要がありませんが、上記の反論が認められない場合には、保証債務を履行する必要があります。

(3) 保証債務の履行が必要な場合

それでは、具体的に保証人が債権者から保証債務の履行を請求された場合に、保証人が保証債務の履行をしなければならないのはどのような場合なのでしょうか。以下では、具体的なケースから、保証人が保証債務を履行する必要があるかを検討していきます。

① 主債務者が死亡した場合

まず、主債務者が死亡した場合はどうでしょうか。

主債務者が死亡した場合には、その相続人は主債務者の死亡により主債務者の権利だけでなく、義務も承継します（民法882、896）。義務には主債務も含まれますから、主債務者の法定相続人が主債務を相続することになります。主債務者が死亡したとしても、主債務は主債務者の相続人が承継しますから、保証債務には影響はありません。そのため、保証人による催告・検索の抗弁の主張が認められる場合には、保証債務を履行する必要がありませんが、保証人による催告・検索の抗弁の主張が認められない場合には、保証債務を履行する必要があります。

もっとも、主債務者が死亡した場合であっても、その相続人全員が相続放棄をする場合もあります。相続の放棄とは、家庭裁判所に対して相続放棄の申述をすることで（民法938)、はじめから相続人とならなかったものとみなされるものをいいます（民法939)。相続人全員が相続を放棄した場合には、相続人が誰もいないことになり、相続財産が相続財産法人に承継されます（民法951)。そのため、主債務者の相続人全員が相続放棄した場合、主債務者の法的地位を相続する者がいなくなり、保証人には催告・検索の抗弁が認められないと考えられます。よって、保証人は、保証債務を履行する必要があります。

したがって、主債務者が死亡した場合で、保証人に催告・検索の抗弁が認められない場合には、保証債務を履行する必要があり、また、主債務者の相続人全員が相続放棄した場合も、保証債務を履行する必要があります。

②　主債務者が破産した場合

続いて、主債務者が破産した場合はどうでしょうか。

まず、主債務者が破産した場合には、保証人には、催告の抗弁が認められません（民法452ただし書)。また、検索の抗弁についても、検索の抗弁は、主債務者に返済できる財産があり、その財産から容易に回収できることを保証人が主張する必要がありますが、主債務者が破産した以上、そのような主張は困難なため検索の抗弁も認められません。

また、主債務者が破産し、主債務者の債務が免責されたとしても、保証債務には影響しませんから（破産法253②)、保証人は保証債務を履行する必要があります。これは、債権者からすれば、主債務者の破産に備えて保証をしたにもかかわらず、主債務者の破産によって、保証債務も減免されてしまうと保証の意味がなくなってしまうためです。

　したがって、主債務者が破産した場合は、保証人は保証債務を履行する必要があります。

③　主債務者が行方不明になった場合

　主債務者が行方不明になった場合はどうでしょうか。

　主債務者が行方不明になった場合には、催告の抗弁は認められません（民法452ただし書）。また、検索の抗弁についても、検索の抗弁が認められるには、主債務者に返済できる財産があり、その財産から容易に回収できることを保証人が主張する必要がありますが、主債務者が行方不明な場合、そのような主張は困難なため検索の抗弁も認められません。

　したがって、主債務者が行方不明になった場合、保証人は保証債務を履行する必要があります。

④　主債務者が弁済期に支払いを拒んでいる場合

　今度は、主債務者が財産を有するにもかかわらず、何らかの理由で弁済期に支払いを拒んでいる場合はどうでしょうか。

　主債務者が支払いを拒んでいても、保証人には催告の抗弁が認められます。また、検索の抗弁についても、主債務者が支払いを拒んでいようとも、主債務者には返済できる財産があり、その財産から容易に回収ができる場合には、検索の抗弁が認められるため、保証人は保証債務を履行する必要がありません。

　したがって、この場合は、保証人は保証債務を履行する必要がありません。

⑤　主債務者が休眠会社になった場合

　主債務者が休眠会社になってしまった場合はどうでしょうか。

休眠会社とは、一般的な用語としては、ある程度の期間企業活動をしていない会社をいいます。また、会社法上の定義では、株式会社であって、その会社に関する登記が最後にあった日から12年を経過した株式会社のことをいいます（会社法472①かっこ書）。ここでの休眠会社は一般的な意味での休眠会社とします。実務上、会社で事業を行っていないにもかかわらず、清算手続も行われず登記上放置されている会社は多くあります。

主債務者が休眠会社になった場合でも、保証人には催告の抗弁が認められますが、催告の抗弁は、債権者が裁判上の手続を経ないで主債務者に支払うよう請求することだけで、保証人の反論に応じたことになりますから、保証人の反論としては実効性が乏しいです。

また、検索の抗弁についても、保証人が主債務者には返済できる財産があり、その財産から容易に回収ができることを主張する必要がありますが、ある程度の期間企業活動をしていない会社であれば、通常返済できるような財産はなく、財産から容易に回収できるとはいえず、検索の抗弁は認められないといえます。

したがって、主債務者が休眠会社となった場合も、保証人は保証債務を履行する必要があります。

⑥　主債務者が抵当権を設定していた場合

最後に、主債務者が自身の所有する不動産に抵当権を設定していた場合はどうでしょうか。債権者としては、保証人に請求せずとも抵当権を実行すれば債権の満足を得られるため、保証人に請求する必要はないようにみえます。

しかし、主債務者が抵当権を設定していた場合であっても、保証人には催告の抗弁が認められますが、保証人の反論としては実効性が乏しいです。また、検索の抗弁については、保証人が主債務者に返済できる財産があり、その財産から容易に回収できることを主張する必要があります。容易に回収できるかについては、個別具体的に判断されますが、一般的に不動産からの回収は容易でないと考えられています（大判昭和５年４月23日法律新聞3122号10頁、大判昭和８年６月13日）。そのため、主債務者に抵当権が設定されている場合には、保証人は財産から容易に回収できることを主張できず、検索の抗弁は認められないことになります。

したがって、主債務者が自身の所有する不動産に抵当権を設定している場合であっても保証人は基本的に保証債務を履行する必要があるといえます。

2．連帯保証

(1) 定義

とはいえ、実務上、これまで見たような形で保証人が催告の抗弁や検索の抗弁を行使して保証人としての責任を免れることはめったにありません。というのも実務上は、連帯保証が保証債務の多くを占めるためです。

連帯保証とは、「主たる債務者と連帯して債務を負担する保証」（民法454）のことをいい、連帯保証人は債権者に対して、主債務者と同一の責任を負います。

(2) 成立

連帯保証に該当するかは、基本的には保証契約の解釈に従って判断されます。例えば、保証契約書に「保証人は、債務者の○○という債務について、債務者と連帯して保証債務を負う。」との文言がある場合には、連帯保証となります。

また、上記のような「連帯して」との文言がない場合であっても、連帯保証になる場合があります。例えば、主たる債務が会社の営業資金の借入れの場合で、保証人がその借入金を保証した場合には、債務が主たる債務者の商行為によって生じたものとして、法律上当然に連帯保証となります（商法511②）。

(3) 通常の保証との違い

連帯保証は、①催告・検索の抗弁がないこと、②連帯保証人に生じた事由について主債務者への影響が生じること、③保証人が複数の場合、分別の利益がないことの３つの点で通常の保証と異なります。

①　催告・検索の抗弁の不存在

通常保証では、保証人の責任は、主債務者が履行しない場合の補充的なものにとどまりますから、保証人には催告・検索の抗弁が認められます。

一方で、連帯保証では、連帯保証人は主債務者と連帯して債務を負担するため、連帯保証人には催告・検索の抗弁が認められません（民法454）。

そのため、債権者は連帯保証人に対し直ちに履行請求が可能で、主債務者の財産から債権の回収を行うことなく、連帯保証人から債権の回収を図ることができます。

②　連帯保証人に生じた事由の主債務者への影響

通常保証では、主債務者に生じた事由の効力は保証人には及びますが（民法457①）、保証人に生じた事由の効力は主債務者には及びません。

一方で、連帯保証では、連帯保証人に生じた事由であっても一定の事由については主債務者にその効力が及びます（民法458）。具体的には、更改（民法458、438）、相殺（民法458、439①）、混同（民法458、440）、弁済、代物弁済、供託などの債権者に満足を与える事由が連帯保証人に生じた場合には、主債務者にもその効力が及びます。また、債権者と主債務者との間で、連帯保証人について生じた事由が主債務者にその効力が及ぶとの別段の合意をした場合には、その事由についても主債務者に効力が生じます（民法458、441ただし書）。例えば、債権者と主債務者が、連帯保証人に対する履行の請求が主債務者に対してもその効力が及ぶことを合意した場合には、主債務者に対しその効力が及びます。

③　分別の利益の不存在

分別の利益とは、保証人が複数人いる場合には、各保証人は債権者に対し、保証人の頭数で割った部分について保証債務を履行すればよいとされる利益のことをいいます（民法456、427）。通常保証の場合では、保証人には分別の利益があることから、債権者は、保証人に対して主債務を頭数で分割した部分についてしか請求することができません。一方で、連帯保証の場合には、連帯保証人には分別の利益がないことから、債権者は連帯保証人に対し主債務の全部について請求することができます。

	催告・検索の抗弁	連帯保証人に生じた事由の主債務者への効力	分別の利益
通常保証	あり	及ばない	あり
連帯保証	なし	及ぶ	なし

Q15 保証債務の履行②

私は主債務者Ｓの保証人ですが、Ｓが主債務を支払えなさそうなので、私が保証人として債権者に支払いをすることになりました。何か行わなければならない手続はあるのでしょうか。

A15

①保証人が保証債務を履行する場合には、主債務者に対し事前又は事後の通知が必要になる場合があります。保証契約を締結した事情によって、事前及び事後の通知が必要か、事後の通知のみでよいか、若しくは通知が不要かが異なります。主債務者への通知をしない場合には、保証人の求償権の範囲が制限されるので注意が必要です。

②保証人が保証人として債権者に支払いをした場合、主債務者に対し求償権を取得しますから、主債務者に対し、求償に応じるよう催告し、求償権債権を回収することが考えられます。

解説

１．主債務者への通知

(1) 保証人の求償権

保証人が自己の財産をもって債務を返済するなどして保証債務を履行し、主債務を消滅させた場合には、保証人は主債務者に対し、債務を消滅させるのに要した費用を請求することができます。これを保証人の求償権といいます。

求償権が認められるのは、保証人の立場からすれば、保証債務の履行は主債務者の負う債務を肩代わりして債務を消滅させるものであり、最終的な債務の負担は主債務者にあるからです。

(2) 主債務者への通知が必要な理由

① 事前の通知の必要性

保証人は債権者に対し弁済を行う前に主債務者への通知が必要とされています。保証人が弁済を行う前の主債務者へ通知が必要な理由は、主債務者の権利行使の機会保護のためです。例えば、主債務者が債権者に対し、債権をもっていた場合には、主債務者は相殺により主債務を消滅させることができます。主債務者としては、相殺することで現実に債権者に支払うことなく主債務を消滅させることができますから、相殺をした方が便宜的です。しかし、保証人が主債務者に通知しないで保証債務を履行した場合には、主債務者は相殺ができなくなってしまい不都合が生じてしまいます。

② 事後の通知の必要性

保証人は債権者に対し弁済した後に主債務者への通知が必要とされています。保証人の弁済後の通知が必要な理由は、保証人が保証債務を履行したことを知らずに、主債務者が主債務を履行してしまうことを防止するためです。

仮に、保証人が弁済等により債務の消滅行為をしたにもかかわらず、それを知らない主債務者が自身の債務を消滅させた場合、主債務者は自らの債務を弁済し、なおかつ保証人からの求償にも応じることとなりますから、主債務者には不利益が生じてしまいます。

以上のような理由から、保証人は保証債務を履行する場合には、主債務者に通知をすることになります。保証人が主債務者に通知をしない場合には、保証人は求償権を失うことはありませんが、求償権の範囲が制限されてしまいます。

(3) 主債務者への通知の類型

保証人が主債務者に対し、どの時点での通知を要するかは保証契約がどのような事情により締結されたかによって異なります。具体的には、①主債務者の委託を受けて保証した場合、②主債務者の委託を受けていない場合で、主債務者の意思に反しない保証をした場合、③主債務者の委託を受けていない場合で、主債務者の意思に反して保証した場合の３つのパターンがあります。②の具体例は、主債務者が保証人と接触することなく、保証人が債権者と保証契約を締結した場合です。③の具体例は、子が親からの保証を明確に拒んでいたにもかかわらず、親が子の保証をした場合などです。

①　主債務者の委託を受けて保証した場合

主債務者の委託を受けた保証人は、債務の消滅行為をする際に、主債務者に対し、事前及び事後の通知をしなければなりません。

ア　事前の通知を怠った場合

保証人が事前の通知を怠った場合には、主債務者は、債権者に対抗することができた事由をもって保証人に対抗することができます（民法463①前段）。例えば、主債務者の1,000万円の債務について保証した場合で、主債務者が債権者に対し500万円の債権をもっていたとします。保証人が主債務者に事前の通知をすることなく1,000万円の支払いをした場合、主債務者は保証人に対し、債権者に対し500万円は相殺できたことを主張でき、保証人は500万円の範囲でしか主債務者に対し求償できないことになります。その結果、保証人は残りの500万円については債権者に対し支払いを請求することになります。

イ　事後の通知を怠った場合

保証人が事後の通知を怠った場合には、保証人が債務の消滅行為をしたことを知らずに、主債務者がその後債務の消滅行為をした場合には、主債務者の債務の消滅行為が有効となります（民法463③）。そのため、保証人が求償請求した場合でも主債務者は求償を拒絶することができ、保証人は債権者に対して支払った部分を返還するよう請求することになります。

② 主債務者の委託を受けていない場合で、主債務者の意思に反しない保証をした場合

主債務者の委託を受けていない場合で、主債務者の意思に反しない保証をした保証人は、債務の消滅行為をする際に、主債務者に対し、事後の通知をする必要はありますが（民法463③）、事前の通知がなくても不利益が生じません（民法462①、459の２①、463①参照）。

事後の通知を怠った場合は、①の場合と同様に、主債務者の債務の消滅行為が有効となります（民法463③）。

③ 主債務者の委託を受けていない場合で、主債務者の意思に反して保証した場合

主債務者の委託を受けていない場合で、主債務者の意思に反する保証をした保証人は、債務の消滅行為をする際に、主債務者に対し、事前、事後の通知がなくても不利益が生じません（民法463③参照）。

主債務者への通知の類型をまとめると以下のようになります。

	委託を受けた保証	委託を受けないが、主債務者の意思に反しない保証	委託を受けないで、主債務者の意思に反する保証
事前の通知	必要 （通知をしない場合には、主債務者が債権者に対抗できる事由を保証人に対抗できます。）	有無に関係なく求償権が制限されます。	有無に関係なく求償権が制限されます。
事後の通知	必要 （通知をしない場合には、主債務者の債務消滅行為が有効になります。）	必要 （通知をしない場合には、主債務者の債務消滅行為が有効になります。）	有無に関係なく主債務者の債務消滅行為が有効になります。

２．求償権の催告

(1) 事後求償権について

保証人が、債務の消滅行為をした場合には、主債務者に対し求償権を取得します。このような求償権は事後求償権といわれます。これは、委託を受けた保証人の場合では、保証人が債務の消滅行為をする前であっても主債務者に対し求償権を行使できる場合があり、このような求償権は事前求償権と呼ばれ、求償権の類型を区別するためです。保証人は債務の消滅行為をした後は、事後求償権を行使することができますから、保証人は主債務者に対し事後求償権に応じるよう催告することが考えられます。

(2) 事後求償権の範囲について

事後求償権の範囲については、主債務者への通知の場合と同様に保証契約がどのような事情により締結されたかによって異なります（詳細はQ17）。

事後求償権の範囲をまとめると以下のようになります。

	委託を受けた保証	委託を受けないが、主債務者の意思に反しない保証	委託を受けないで、主債務者の意思に反する保証
事後求償権の範囲	・債務の消滅行為のために支出した財産の額 ・債務の消滅行為があった日以後の法定利息 ・避けることができなかった費用その他の損害の賠償	・債務の消滅行為の当時、主たる債務者が利益を受けた限度	・主債務者が、求償時点で、利益を得ている限度

Q16 担保物権の実行

当社は、主債務者Ｓのために自社の不動産に抵当権を設定し、物上保証人となったのですが、連帯保証人と物上保証人は何が違うのでしょうか。また、抵当権とはどのような権利で、抵当権が実行された場合には、どのような手続になるのでしょうか。

A16

①物上保証人とは、不動産などの自己の財産をもって他人の債務のために保証する者をいいます。連帯保証の場合には、連帯保証人は、主債務者と同等の範囲でその責任を負いますが、物上保証の場合には、物上保証人が設定した不動産等の特定の財産の範囲でしか保証人としての責任は負いません。

②抵当権者は、不動産に抵当権を設定することで、不動産競売により他の債権者に優先して自己の債権を回収することができます。

③抵当権実行の手続は、おおまかに①担保不動産の競売申立・差押、②売却準備手続、③売却手続・納付、④配当等の流れになります。

解説

1．物上保証人

(1) 定義

物上保証人とは、自己の財産をもって他人の債務を担保する者をいいます。担保とは、債権の効力を強めるためにその履行を確保する手段のことをいい、債権者は動産や不動産に担保権を取得することで、他の債権者に優先して自己の債権を回収することができます。

例えば、金融機関が融資を申し込まれた場合で、申込者に十分な財産がない時には、金融機関は申込者から金銭を回収できないおそれがあります。しかし、申込者の他に物上保証人を立てることが可能であれば、金融機関は物上保証人の不動産から債権を回収することができます。また、仮に申込者が他の金融機関から借入れをしていた場合であっても、他の金融機関に優先して物上保証人の不動産から債権を回収できます。

(2) 責任の範囲

物上保証人は、債務を担保するのに供した特定の財産の範囲でしか、保証人としての責任を負いません。

例えば、主債務者が5,000万円の借金を負っていた場合で、物上保証人が2,000万円の不動産に抵当権を設定した場合だと、物上保証人は2,000万円の不動産を手放すことで物上保証人としての責任を果たし、残りの3,000万円部分について物上保証人として責任を負いません（下記の図）。

一方で、連帯保証の場合は、連帯保証人は債務者と同等の範囲でその責任を負うことになります。

例えば、主債務者が5,000万円の借金を負っていた場合で、その債務の連帯保証人になった場合には、連帯保証人は5,000万円すべてについて保証人として責任を負うことになります。

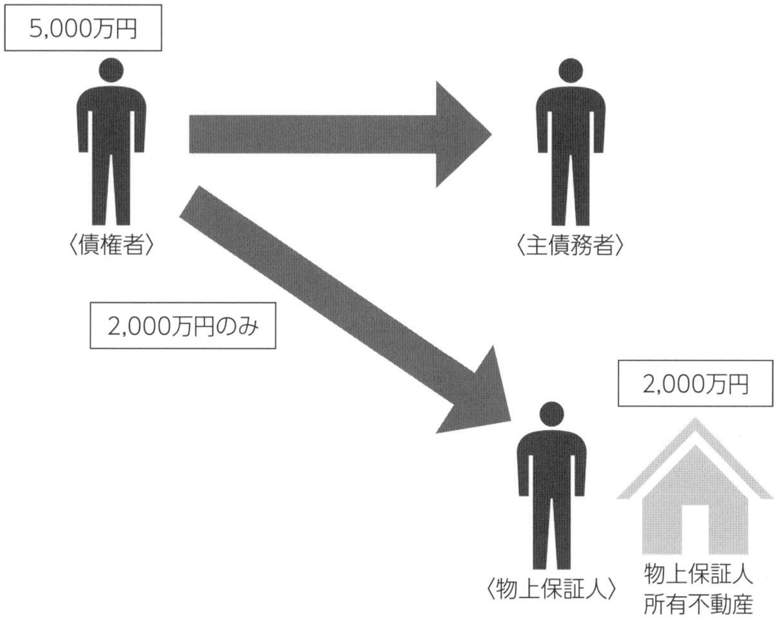

2．抵当権

(1) 定義

抵当権とは、債務者又は第三者が占有を移転することなく、債務の担保に供した不動産について、他の債権者に先立って自己の債権の弁済を受けられる権利のことをいいます（民法369①）。

「債務者又は第三者が占有を移転することなく」とは、債務者又は第三者が不動産を引き渡さずに抵当権を設定できることを意味します。例えば、債務者が自己の居住する土地建物に抵当権を設定する場合には、自らが居住したまま、抵当権を設定することができます。一方で、別の担保権である質権の場合では、不動産の引き渡しが必要になります（民法342）。そのため、抵当権は不動産の引き渡しを必要としないことに特徴があります。

「他の債権者に先立って自己の債権の弁済を受けられる」とは、抵当権者の他に債権者がいた場合であっても、抵当権者は、抵当不動産から、他の債権者に優先して自己の債権を回収することができることをいいます。例えば、仮に抵当権の設定がなく、債権者Ａ及びＢが債務者Ｃに対し1,000万円ずつの貸金を有していたとします。この場合、Ｃに1,000万円の不動産しかない場合には、債権者Ａ及びＢはそれぞれの債権額に按分してしか債務者Ｃから債権を回収することはできません（これを「債権者平等の原則」といいます。）。そのため、債権者ＡとＢはそれぞれ按分して500万円ずつしか債権を回収することができないことになります。しかし、債権者Ａが債務者Ｃの1,000万円の不動産につき抵当権を取得した場合には、債権者Ａは債権者Ｂに優先して、1,000万円すべてについて債権を回収することができます。

(2) 抵当権の効力

また、抵当権には、物上代位も認められます。物上代位とは、抵当権の目的物の売却、賃貸、滅失又は損傷によって抵当権設定者が受けるべき金銭その他の物に対しても、抵当権の効力が及ぶことをいいます（民法372、304①）。例えば、債務者が自身の建物に抵当権を設定した場合で、債務者がその不動産を第三者に賃貸していた場合、抵当権者は、債務者が取得する賃料について物上代位することができます。具体的な方法としては、抵当権者は、賃借人が債務者に賃料を支払う前に、賃料を差し押えます（民法372、304①ただし書）。そして、裁判所からの差押命令（民事執行法193、143）が、賃借人に知らされてから１週間経過後に、抵当権者は、賃借人から賃料を取り立てることができます（民事執行法193、155①）。

そのため、抵当不動産が収益物件の場合には、抵当不動産を売却しなくとも、物件の賃料から回収することが可能となります。

(3) 抵当権実行の手続

抵当権の実行手続は、以下の流れとなります。

①　申立て・差押え

債権者は、抵当不動産の登記簿を添付して、抵当不動産が所在する土地を管轄する地方裁判所に対して担保不動産競売の申立てを行います。申立てを受けた執行裁判所（以下「裁判所」といいます。）が申立てを相当と判断した場合には、裁判所が競売開始決定をし（民事執行法45①、188）、差押登記がなされます（民事執行法48①、188）。その後、債務者に競売開始決定が知らされます（民事執行法45②、188）。

②　売却準備手続

ア　債権関係調査

競売を申し立てた抵当権者以外の債権者であっても、すでに開始されている競売手続に参加して自己の債権を回収しようとすることができます。これを配当要求といいます。債権者が配当を受けるには、裁判所が定める配当要求の期限までに配当要求を行う必要があります（民事執行法87①二、188）。そのため、裁判所は利害関係人に対し、配当要求の期限を通知します（民事執行法49②、188）。

イ　権利関係調査

不動産競売の開始決定がなされると、裁判所の執行官が不動産の形状、占有関係その他の現況について調査し（民事執行法57①、188）、現況調査報告書を作成します。現況調査報告書には、土地の形状・建物の種類、構造・床面積の概略、土地建物の見取り図・写真などが記載されます（民事執行規則29）。

また、不動産を適正な価格で売却するために、評価人が不動産の評価を行います。評価人は、近傍同種の不動産の取引価格、不動産から生ずべき収益、不動産の原価その他の不動産の価格形成上の事情を適切に勘案して、不動産を評価し、その結果をまとめた評価書を作成します（民事執行法58①②、188）。執行裁判所は評価書を基にして、売却基準価格を決定します（民事執行法60①、188）。

売却基準価格が決定されると、物件明細書が作成されます。物件明細書とは、目的不動産についての売却条件等に関する裁判所書記官の認識が記載された書面です。裁判所書記官が、目的不動産の占有関係及び権利関係等を認定し、売却の条件等を記載します。買受希望者は、現況調査報告書、評価書、物件明細書を参考に、買受価額申出額を決定します。買受価額の申出額は、売却基準価格の10分の２を控除した金額以上である必要があります（民事執行法60③、188）。

③　売却手続・代金納付等

売却は、基本的には、入札期間に買受希望者が、書面提出又は郵送により入札をし、後日の開札で落札者を決める期間入札により行われます。期間入札により、最高価買受人が決まると、売却許可決定がされ（民事執行法69、188）、買受人が代金を納付します。代金の納付後に、所有権移転登記と抵当権や差押えの抹消登記がなされます（民事執行法82、188）。

④　配当等

債権者が１人である場合又は債権者が２人以上であって売却代金で各債権者の債権及び執行費用の全部を弁済できる場合には、裁判所は売却代金の交付計算書を作成して、債権者に代金を交付し、剰余金を債務者に交付します（民事執行法84②、188）。

債権者が２人以上であって、売却代金で各債権者の債権及び執行費用の全部を弁済できない場合には、配当手続となります。具体的には、裁判所が、各債権者に配当の期日を通知し（民事執行法85③、188）、債権者は、債権の元本や配当期日までの利息等を記載した計算書を提出します（民事執行規則60）。その後、裁判所が、提出された計算書記載の金額、執行の費用、配当の順位及び配当の額が記載された配当表を作成し（民事執行法85①、188）、配当表に基づいて、債権者に支払いがなされます。

【抵当権実行の流れ】

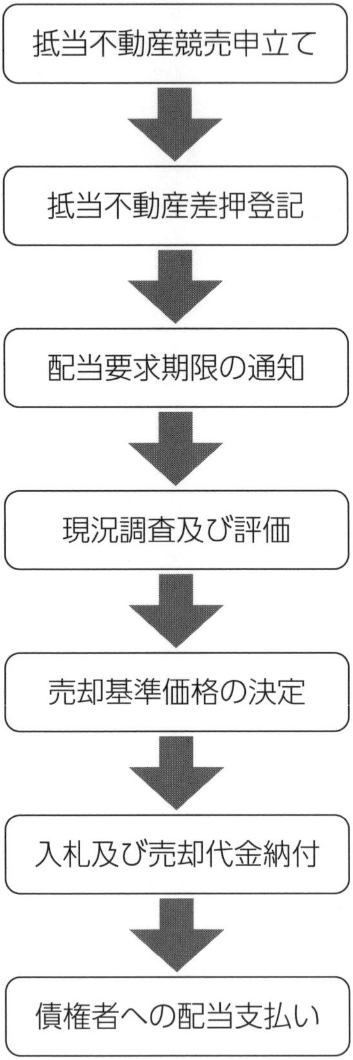
抵当不動産競売申立て
抵当不動産差押登記
配当要求期限の通知
現況調査及び評価
売却基準価格の決定
入札及び売却代金納付
債権者への配当支払い

Q17 求償権①

私は主債務者Ｓの債務を代わりに返済したのですが、その金額をＳに請求することはできるのでしょうか。その場合、いくら請求できることになるのでしょうか。

A17

①保証人が自己の財産をもって債務を代わりに返済した場合には、保証人は主債務者に対しその金額を請求することができます。
②主債務者Ｓに請求できる具体的な金額については、保証契約を締結した事情により請求できる範囲が異なりますが、主債務者Ｓの委託を受けて保証人になった場合では、保証人が返済した金額、保証人の返済日から主債務者が保証人の返済分を支払う日までの法定利息、保証人が主債務者に対し、裁判により肩代わりした分を請求した場合の訴訟費用などを請求することができます。

解説

1．事後求償権について

保証人が自己の財産をもって債務を返済するなどして保証債務を履行し、主債務を消滅させた場合には、保証人は主債務者に対し、債務の消滅に要した費用を請求することができます。これを保証人の求償権といいます。特に、保証人が保証債務を履行した後に生じる求償権については、事後求償権といわれます。

求償権が認められる根拠は、保証人の立場からすれば、保証債務の履行は主債務者の負う債務を肩代わりして債務を消滅させるものであり、最終的な債務の負担は主債務者にあるからです。

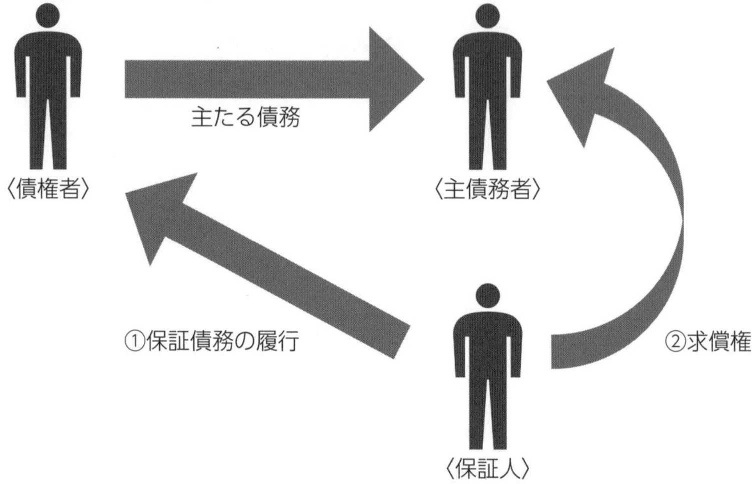

2．事後求償権の範囲

事後求償権の範囲については、保証契約がどのような事情により締結されたかによって異なりますが、委託を受けて保証した場合には以下の３つが求償できる範囲です。

(1) 債務の消滅行為のために支出した財産の額（民法459①)。ただし、支出した財産の額が債務の消滅行為によって消滅した主債務の額を超える場合には、その消滅した額になります（民法459①かっこ書)。

例えば、1,000万円の債務を保証した場合に、保証人が現金

1,000万円で債権者に支払いをした場合には、保証人は主債務者に1,000万円を求償できます。しかし、同様の保証の場合で、保証人が1,100万円の価値のある不動産を1,000万円の支払いに代えて支払うことを債権者と合意した場合（このような支払い方法を「代物弁済」といいます。）には、保証人は主債務者に対しては、1,000万円の限度でしか求償することができません。

(2)　債務の消滅行為があった日以後の法定利息（民法459②、442②、404①②）。

例えば、1,000万円の債務を保証した場合で、保証人が令和３年３月31日に現金1,000万円を債権者に支払った場合には、保証人は支払った1,000万円について令和３年４月１日から年３％の利息を請求することができます。

(3)　避けることができなかった費用その他の損害の賠償（民法459②、442②）。

例えば、支払いのために抵当権を設定した場合の設定費用、求償権を行使するために訴訟提起した場合の訴訟費用、強制執行のための執行費用が含まれます。

以上を具体的なケースで考えると、主債務者の1,000万円の借金について保証した場合で、保証人が1,000万円の資金調達のため抵当権を設定し、保証人が債権者に対し1,000万円を支払ったとします。保証人が求償できるのは、保証人が支払った1,000万円（上記(1))、保証人が支払った日から主債務者が支払うまでの法定利息に相当する金額（上記(2))、及び抵当権設定に要した費用（上記(3)）となります。

3．主債務者に対する通知

保証人が事後求償権を行使するには、保証債務の履行の前後に主債務者に対する通知をする必要があり、通知をしない場合には、求償権の行使が制限されることがあります（詳細はQ15参照）。

委託を受けた保証の場合、保証人は、保証債務の履行の事前及び事後に主債務者に対し通知をする必要があります。

事前の通知を怠った場合、主債務者は、保証債務の履行前に債権者に対して債権をもっていた金額について、保証人からの求償を拒むことができます。

事後の通知を怠った場合、主債務者が保証債務の履行の後に債務を消滅させた場合には主債務者の債務消滅行為の方が有効になり、保証人は債権者に対して、保証債務を履行した部分の返還を請求することになります。

4．弁済による代位

仮に、主債務者が債務を負担する際に、主債務者が所有する不動産に抵当権を設定していた場合で、保証人が保証債務を履行した場合には、保証人は、保証人の求償権を確保するため、債権者が有していた主債務者の抵当権を実行することができます。これを「弁済による代位」といいます（詳細はQ19参照）。

そのため、主債務者が所有する不動産に抵当権を設定していた場合には、保証債務を履行した保証人は、当該抵当権を実行することで、求償権の回収を図ることができます。

５．求償権の消滅時効

保証人には以上の求償権が認められますが、求償権はいつまでに行使する必要があるのでしょうか。

保証人が長期間求償権を行使しない場合には、消滅時効により権利が消滅してしまうため注意が必要です。消滅時効とは、債権者がその権利について一定の期間請求等しない場合に、一定期間の経過をもってその法的請求権を消滅させる制度をいいます。

求償権についても消滅時効の適用があり、権利を行使できることを知った時から５年、権利を行使できる時から10年で、消滅時効が完成します（民法166①）。

権利を行使できることを知った時とは、債権者がその債権の発生と履行期の到来を現実に認識したときをいいます。履行期の到来とは、権利を請求できる期限になったことをいいます。求償権の場合、保証人は保証債務を履行した時に、事後求償権の発生と求償権を請求できることを認識するため、保証債務を履行した時点から消滅時効が進行します。そのため、保証債務を履行したときから５年が経つと消滅時効が完成するので注意が必要です。

Q18 求償権②

　通常は主債務者から保証人になってほしいとの依頼を受けて保証人になると思うのですが、民法上は委託を受けない保証人もあると聞きました。委託を受けない保証人とはどういう場合を想定しているのでしょうか。委託を受けた保証人との違いも含めて教えてください。

A18

①委託を受けない保証人とは、主債務者から保証人になってほしいとの依頼を受けないで保証をした保証人で、委託を受けない保証は委託の有無の点で主債務者に求償できる範囲が異なることから、分けて規定されています。

②委託を受けない保証人は、委託を受けた保証人と比較すると（ア）求償権の範囲、（イ）事前求償の可否、（ウ）事前事後の通知の要否について違いがあります。

解説

1．委託を受けない保証人とは

　通常、保証では主債務者から保証人になってほしいとの依頼を受けて、保証人が債権者と保証契約を締結することが想定されます。このような保証は、民法上、委託を受けた保証といいます。

一方で、民法では委託を受けた保証だけではなく、委託を受けない保証という規定があります。民法上、委託を受けない保証が規定されているのは、委託を受けない保証の場合、保証人が主債務者に請求できる求償権は主債務者の意思に基づかないで発生するため、主債務者にとって利益のある限度で求償を認めるのが相当といえるためです。

委託を受けない保証には、委託を受けないで主債務者の意思に反しない保証と委託を受けないで主債務者の意思に反する保証の２種類があります。

(1) 委託を受けないで主債務者の意思に反しない保証

委託を受けないとは、主債務者から依頼を受けることなく保証人が債権者と保証契約を締結したことをいいます。

主債務者の意思に反しないとは、主債務者が特定の者が保証人になることを拒否していない状況で保証人が保証する場合をいいます。基本的に、主債務者の立場からすれば、保証人が保証契約を締結することは、主債務者の債務負担の軽減につながります。そのため、主債務者が特定の者が保証人になることを拒否していない場合には、保証契約の締結は主債務者の意思に沿うものとして主債務者の意思には反しないといえます。

具体例としては、主債務者が保証人と接触することなく、保証人が債権者と保証契約を締結した場合があげられます。

(2) 委託を受けないで主債務者の意思に反する保証

主債務者の意思に反するとは、主債務者が特定の者が保証人になることを拒否することをいいます。主債務者が特定の者が保証人になることを拒否し、その者が保証人になった場合には主債務者の意思に反する保証といえます。具体例としては、子が親からの保証を明確に拒否していたにもかかわらず、親が子の債務を保証したような場合があげられます。

2．事後求償権における違い

事後求償権とは、保証人が自己の財産をもって債務を返済するなどして保証債務を履行し、主債務を消滅させた場合に、主債務者に対し、債務の消滅に要した費用を請求することができる権利のことをいいます。

委託を受けた保証人であっても委託を受けない保証人であっても事後求償権を行使することはできますが、求償権の範囲については、委託を受けない保証人の方が狭くなります。

(1)　委託を受けて保証した場合

求償の範囲は以下の３つとなります（詳細はQ17参照）。

①　債務の消滅行為のために支出した財産の額（民法459①）。

②　債務の消滅行為があった日以後の法定利息（民法459②、442②、404①②）。

③　避けることができなかった費用その他の損害の賠償（民法459②、442②）。

以上を具体的なケースとして考えると、主債務者の1,000万円の借金について保証した場合で、保証人が1,000万円の資金調達のため抵当権を設定し、保証人が債権者に対し1,000万円を支払ったとします。保証人が求償できるのは、保証人が支払った1,000万円（上記①）、保証人が支払った日から主債務者が支払うまでの法定利息に相当する金額（上記②）、及び抵当権設定に要した費用（上記③）となります。

(2)　委託を受けないで主債務者の意思に反しない保証の場合

求償の範囲は、債務の消滅行為の当時、主たる債務者が利益を受けた限度です（民法462①、459の２①前段）。保証人の支払いにより主債務者の債務は消滅しますから、保証人が支払った額が主債務者が利益を受けた限度といえます。債務の消滅行為後の法定利息、避けることができなかった費用その他の損害賠償を含みません。

具体的なケースとして上記（1）と同様に考えた場合、保証人が求償できるのは、保証人が支払った1,000万円のみです。保証人の支払い日から主債務者が支払うまでの利息や抵当権設定に要した費用は求償することはできません。

(3) 委託を受けないで主債務者の意思に反して保証した場合

求償の範囲は、主債務者が現に利益を得ている限度となります（民法462②前段）。「現に」とは、保証人が求償権を行使した時点のことをいいます。そのため、保証人が保証債務を履行した後に、主債務者が債権者に対し債権を取得し、主債務との相殺が可能である場合には、主債務者はその債権の範囲内で、保証人からの求償を拒むことができます。

具体的なケースとして、上記（1）のケースで保証人が1,000万円を支払った後に、主債務者が債権者に対し500万円の債権を取得したとします。その後、保証人が主債務者に1,000万円の求償をしたとしても、主債務者としては、求償時に500万円の限度で求償に応じればよく、自らが有する債権500万円部分については、求償を拒むことができます。保証人は、主債務者の債権者に対する500万円については、債権者に支払いを請求する必要があります。

3．事前求償権における違い

事前求償権とは、保証人が保証債務を履行する前であっても、主債務者に対し求償することができる権利のことをいいます。

事前求償権が認められるのは委託を受けた保証人のみです。

事前求償権が認められる根拠は、主債務者の財産状況が悪化しているなど事後求償権によった場合では、保証人の支払った部分を回収できないおそれがある場合で、保証人の求償を確保するためです。一方で、事前求償権を広く認めることは、主債務者としては保証人に保証をしてもらった意味がなくなってしまうため、事前求償権は民法第460条で定められる一定の要件の下で行使できます。具体的には以下の場合です。

・主債務者が破産手続開始の決定を受け、かつ、債権者がその破産財団の配当に加入しないとき（1号）。
・債務が弁済期にあるとき。ただし、保証契約の後に債権者が主債務者に許与した期限は、保証人に対抗することができない（2号）。
・保証人が過失なく債権者に弁済をすべき旨の判決の言渡しを受けたとき（3号）。

4．主債務者に対する通知（詳細はQ15参照）における違い

保証人が保証債務を履行する際には、主債務者に不利益が生じないように、主債務者に対し事前事後の通知をする必要があります。

委託を受けた保証人の場合には、事前及び事後の通知が必要です。

委託を受ないで主債務者の意思に反しない保証の場合には、事後の通知をする必要がありますが、事前の通知がなくても不利益が生じません。

委託を受けないで主債務者の意思に反する保証の場合には、事前事後の通知がなくても不利益が生じません。

5．まとめ

		委託を受けた保証	委託を受けないが、主債務者の意思に反しない保証	委託を受けないで、主債務者の意思に反する保証
事前求償権	事前求償の可否	・可	・不可	・不可
事後求償権	事後求償の可否	・可	・可	・可
	事前通知の要否	・必要（通知をしない場合には、主債務者が債権者に対抗できる事由を保証人に対抗できます。）	・有無に関係なく求償権が制限されます。	・有無に関係なく求償権が制限されます。
	事後通知の要否	・必要（通知をしない場合には、主債務者の債務消滅行為が有効になります。）	・必要（通知をしない場合には、主債務者の債務消滅行為が有効になります。）	・有無に関係なく主債務者の債務消滅行為が有効になります。
	事後求償権の範囲	・債務の消滅行為のために支出した財産の額 ・債務の消滅行為があった日以後の法定利息 ・避けることができなかった費用その他の損害の賠償	・債務の消滅行為の当時、主たる債務者が利益を受けた限度	・主債務者が、求償時点で、利益を得ている限度

Q19 弁済と代位

私は連帯保証人として、主債務者Ｓの債務を代わりに返済しました。Ｓは自身が保有する不動産を債権者Ｇに対して抵当権に入れていたのですが、どうしてＧは抵当権を実行しなかったのでしょうか。どうにかして代わりに支払った金額をＳから取り返したいです。

A19

①抵当権を実行するためには、抵当権の対象となる不動産を調査・評価し、抵当不動産売却の入札を行うなど複雑な手続を経る必要があり、一般的に抵当権の実行は時間がかかります。そのため、債権者としては保証人がいる場合で保証人の保証債務の履行が可能な場合には、抵当権を実行するよりも保証人から支払いを受けた方が簡易かつ迅速に債権を回収することができます。

②連帯保証人であるあなたは、主債務者Ｓの債務を肩代わりしたことで、Ｓに対する求償権、債権者ＧのＳに対する債権、ＧのＳに対する抵当権を取得し、あなたはそれらの権利によりＧに支払った金額をＳから回収することができます。

解説

1．弁済による代位

(1) 定義

保証人が自己の財産をもって債務を返済するなどして保証債務を履行し、主債務を消滅させた場合には、保証人は主債務者に対し、債務の消滅に要した費用を請求することができます（このような保証人の請求を以下「求償権」といいます。)。しかし、主債務者にその費用の請求に応じられるような経済的な能力がない場合には、保証人は自ら支払った費用を回収できないことになります。そこで、そのような保証人を保護するため、保証人は債権者が主債務者に有していた債権（以下「原債権」といいます。）や原債権の履行を強化するものである担保権などの債権者の権利を、債権者に代わって行使することができます。このような保証人の権利行使を弁済による代位といいます（民法499)。

例えば、主債務者が、債権者からお金を借りる際に主債務者の不動産に抵当権を設定し、保証人がその債務を保証したとします（下記の図)。この場合、債権者には主債務者に対する原債権（Ａ）及び原債権にかかる抵当権（Ｂ）があります。その後、保証人が、保証債務を履行した場合、保証人は主債務者に対し求償権（Ｃ）を取得します。それにより、債権者の主債務者に対する原債権（Ａ）及び原債権にかかる抵当権（Ｂ）は債権者から保証人に移転します。その結果、保証人は主債務者に対する原債権（Ａ)、原債権にかかる抵当権（Ｂ）及び求償権（Ｃ）を行使することができます。

すなわち、保証人が保証債務を履行した場合には、債権者が主債務者に対して有していた抵当権などの権利を実行できるようになるのです。

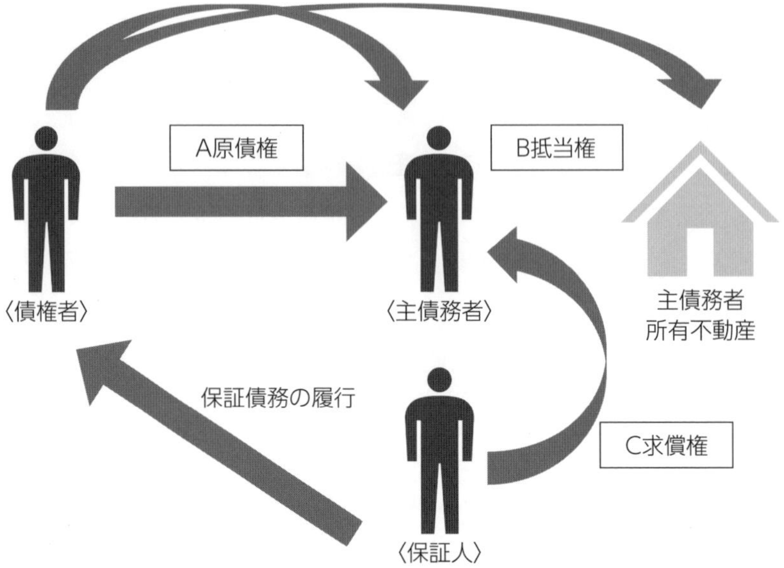

(2) 担保権の実行について

① 定義

債権の担保とは、債権の効力を強めその履行を確保する手段のことをいいます。担保権とは、そのような債権を担保するために認められる権利をいいます。抵当権は担保権のうちの一つです。例えば、AがBに対し100万円を貸し付けたとします。Bが100万円を支払わない場合には、AはBに対し訴えを提起し、その訴えが認められれば、Bの財産に対し強制執行することができます。しかし、その際に、Bに財産がなければAは債権を回収できません。また、Bに100万円の財産があったとしても、BがAとは別のCからも100万円を借りていた場合、AはCと平等に扱われ、Aは50万円部分でしか債権を回収することができません。

そこで、AがBに100万円を貸し付ける際に、BがB所有の不動産に抵当権を設定したとします。Ａは抵当権を実行し、抵当不動産の競売を申し立てることで、ＢがＣからも100万円を借りていた場合であっても、抵当不動産の売却代金からＣに優先して100万円を回収することができます。

②　抵当権の実行手続

抵当権の実行手続はおおまかに以下の流れとなります（詳細はＱ16参照）。

ア　抵当不動産の競売申立て・抵当不動産の差押登記

イ　利害関係人への配当要求期限の通知

ウ　抵当不動産の現況調査・評価

エ　売却基準額の決定

オ　入札・代金納付

カ　債権者への配当支払い

(3) 弁済による代位の範囲

弁済による代位は、求償権を確保するために、債権者が有していた権利の行使を認めるものですから、その範囲は保証人の求償権の範囲に限られます（民法501②）。そのため、原債権の額が求償権の額を上回る場合であっても、保証人が債権者に代位できるのは求償権の範囲です。一方で、原債権の額が求償権の額を下回る場合には、原債権の範囲でしか代位することができません。

例えば、原債権の額が110万円で、求償権が100万円である場合、保証人は100万円についてのみ代位することができます（下記①）。

また、原債権の額が100万円であり、求償権が110万円の場合、保証人は100万円について代位することができます（下記②）。

①　原債権110万円、求償権100万円の場合

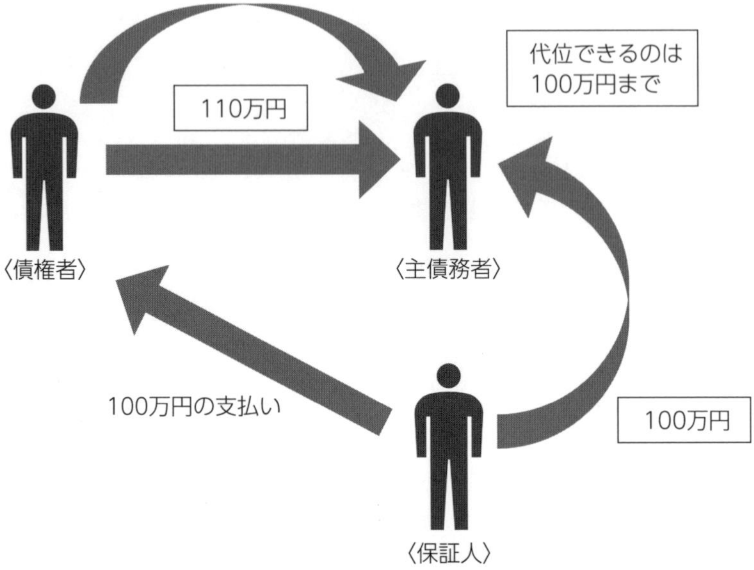

②　原債権100万円、求償権110万円の場合

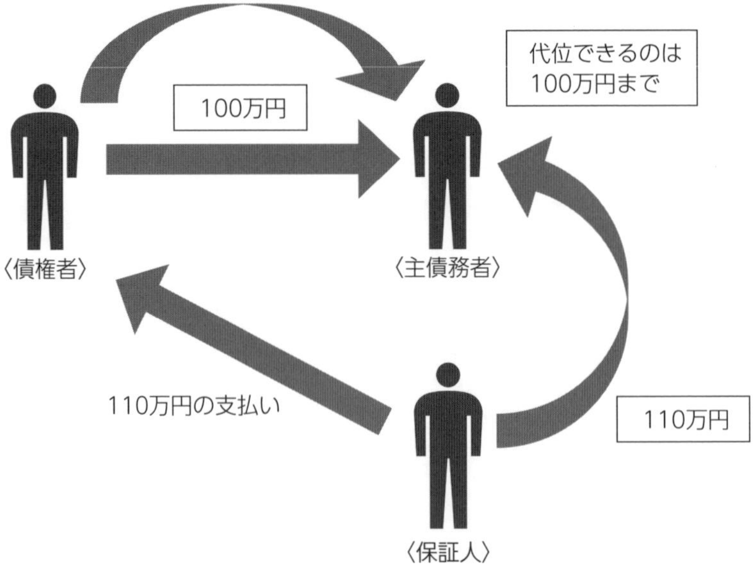

2．一部弁済による代位

(1) 債権者の同意の有無

保証人が債権者に対して原債権額の一部を弁済した場合には、保証人は債権者の同意を得て、その弁済した価額に応じて、債権者とともに債権者の権利を行使することができます（民法502①）。そのため、保証人が原債権額の一部を弁済した場合では、保証人は単独で担保権を実行することはできません。

例えば、主債務者が自らの所有不動産に抵当権を設定し、原債権の金額が1,000万円の場合で、保証人が債権者に対し500万円を弁済したとします。この場合、保証人は債権者の同意を得れば、保証人が支払った500万円に応じて、債権者とともに抵当権を実行することができます。

具体的には、保証人は、債権者の抵当権の実行を待ったうえで、債権者の同意を得て自らも抵当権実行の申立てを行うか（民事執行法47①、188）、債権者が申し立てた競売手続に参加して自らも配当するよう求める配当要求（民事執行法51①、188）を行うことで抵当権の対象となる不動産の売却代金から自らの支払い金を回収することになります。

(2) 抵当権が実行された場合の配当の優先関係

債権者とともに担保権を実行する場合において、担保の目的となる財産の売却代金については、債権者が代位弁済者に優先します（民法502③）。

例えば、主債務者が自らの所有不動産に抵当権を設定し、原債権の金額が1,000万円の場合で、保証人が債権者に対し500万円を弁済したとします。その後、債権者が抵当権に基づいて競売手続を行った場合で、主債務者の不動産が600万円で売却されたとします。この場合、債権者は、すでに保証人から500万円を受け取っていますから、1,000万円のうち残り500万円について不動産売却代金から配当を受けられます。そのため、債権者は売却代金600万円のうち500万円について配当を受けることができます。一方で、保証人は残りの100万円部分についてしか配当を受けることはできません。

3．弁済による代位の場合の債権証書及び担保物の交付

債権者は、保証人から全額の支払いを受けた場合には、債権に関する証書及び自己の占有する担保物を保証人に交付しなければなりません（民法503①）。そのため、保証人は債権者に対し、原債権についての債権証書及び債権者が占有する担保物の交付を請求できます。これにより、保証人は主債務者に対して、債権者が主債務者に対し有していた権利の行使が容易になります。

例えば、債権者が主債務者に対し1,000万円を貸し付けていた場合で、保証人が1,000万円を主債務者の代わりに債権者に支払ったとします。この場合、保証人は債権者に対し、主債務者との間の金銭消費貸借契約書を交付するよう請求できます。

また、債権者が保証人から一部の弁済を受けた場合には、債権者は債権に関する証書にその代位を記入し、自己の占有する担保物の保存を保証人に監督させなければなりません（民法503②）。

例えば、債権者が主債務者に対し1,000万円を貸し付けていた場合で、保証人が500万円を主債務者の代わりに債権者に支払ったとします。この場合、保証人は債権者に対し、主債務者との間の金銭消費貸借契約書に保証人が債権者の有していた債権1,000万円のうち500万円

について代位できることを記入するよう請求できます。

第4章
保証債務の消滅

Q20 保証債務の消滅

保証債務はどのような場合に消滅するのでしょうか。

A20

①主たる債務が消滅した場合には、原則として保証債務も消滅します。

②債務の消滅原因として、弁済・相殺・更改・免除・混同があるため、主たる債務にこれらの原因が発生した場合、主債務が消滅し、あわせて保証債務も消滅します。

③保証債務が弁済等により消滅した場合も保証債務は消滅します。

解説

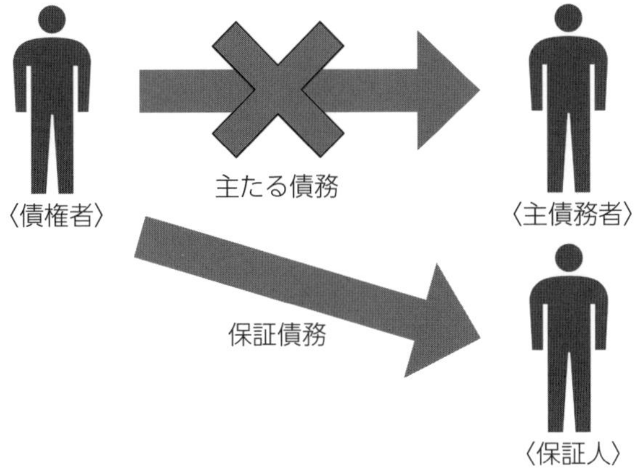

1.　主たる債務について

(1) 保証債務の付従性

保証債務は、主たる債務が有効に存在することを前提とし、主たる債務の履行を担保することを目的としたものです。

そのため、保証債務には、付従性という重要な性質があります。すなわち、保証債務は、主債務が消滅した場合には、それに伴い消滅し、これを保証債務の付従性といいます。付従性という保証債務の性質は、主たる債務が消滅する場面においても大きな意味をもちます。

(2) 債務の消滅原因

それでは、主債務はどのような場合に消滅するのでしょうか。

一般に、債務は、弁済・相殺・更改・免除・混同によって消滅します（民法473以下）。なお、時効による消滅については、Q21で説明します。

主債務が弁済・相殺・更改・免除・混同といった事由により消滅すると、保証債務もそれに伴い消滅することになります。もっとも、根保証の場合は異なりますので、Q27・Q28を参照ください。

①　弁済

弁済とは、債務者により債務の本旨に従った履行がされることをいいます。例えば、債権者が主たる債務者に対し、100万円を貸し付けた場合、主たる債務者が100万円を債権者に支払い、その支払いが貸付けに対するものであった場合には、貸付金債務について弁済があったといえます。このように、弁済は債務の消滅原因のうち、最もシンプルなものです。

主たる債務が弁済により消滅すると、付従性により保証債務も消滅することになります。

②　相殺

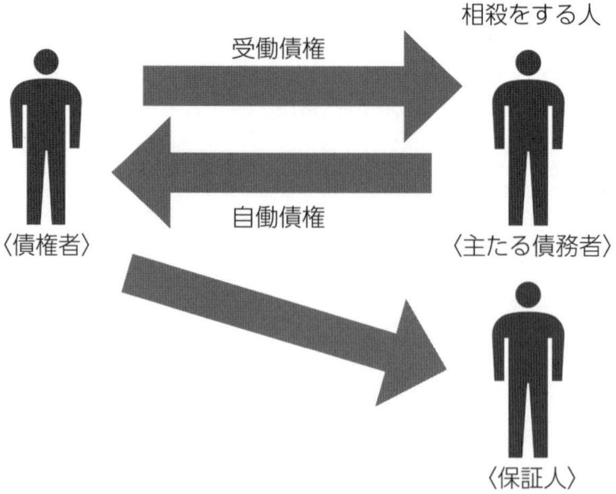

相殺とは、債権者と債務者が相互に同種の債権債務を有する場合に、その債権と債務とを対当額において消滅させる一方的な意思表示をいいます。

例えば、債権者が主たる債務者に対し100万円を貸し付けている場合に、主たる債務者も債権者に対し、100万円を貸し付けていたとします。それぞれが100万円を相手に実際に支払うことによりそれぞれの債務を消滅させることも可能ですが、100万円が相手方に渡り戻ってくるだけであり迂遠であるといえます。相殺をすれば、その意思表示のみでそれぞれの債務を消滅させることができ簡便といえます。ここで相殺をする人の債権を自働債権といい、相殺される債務を受働債権といいます。

要件は、（ア）２人互いに債務を負担すること（民法505①本文）、（イ）両債務が同種の目的を有すること（民法505①本文）、（ウ）両債務が弁済期にあること、（エ）両債務が性質上相殺を許さないものではないこと（民法505①ただし書）となります。（ウ）は、受働債権の期限の利益は原則として債務者から放棄できることから（民法136②）、自働債権が弁済期にあれば足ります。したがって、相殺をしようと考えている人の債権の弁済期が到来していれば、相手方の債権の弁済期が到来していなくとも（ウ）の要件は満たされることになります。

主たる債務者が債権者に対し、100万円の債権を有しており、一方、債権者も主たる債務者に100万円を貸し付けている場合には、主たる債務者が有する100万円の債権の弁済期が到来していれば、主たる債務者は相殺をすることができ、付従性により、保証債務も消滅することになります。

なお、上記は一方の意思表示によって行う民法上の相殺を取り上げていますが、双方の合意によって相殺する相殺契約も実務上よく行われます。相殺契約の場合、上記（ウ）や（エ）の要件の満たしていなくとも、両者の合意により行うことが可能です。

③　更改

更改とは、旧債務に代えて、給付の内容について重要な変更をした新たな債務、債務者が交替した新たな債務、債権者が交替した新たな債務のいずれかを成立させることを内容とする契約をいいます(民法513)。例えば、債権者が主たる債務者に100万円を貸し付けている場合、主たる債務者は債権者に対し、100万円を支払う債務を負っているといえます。その債務に代えて、主たる債務者が債権者の自宅を建築する請負債務に代えることが更改となります。

更改がされると、旧債務は消滅することとなります。旧債務である主たる債務が更改された場合、付従性により保証債務も消滅することとなります。上記の例でいうと、新たな債務である請負債務について保証人が保証するわけではない点に注意が必要です。

もっとも、更改は、実務上利用されるケースはほとんどありません。

なお、更改と似ているものとして、債権譲渡や債務引受があります。債権譲渡や債務引受では、旧債務は消滅せず保証債務も消滅しませんので注意が必要です。

④　免除

免除とは、債権を無償で消滅させる債権者の一方的意思表示をいいます（民法519)。いわゆる債務免除です。免除は、債権の放棄であるため、債務者の承諾は必要となりません。債権者が主たる債務者に100万円を貸し付け、その債権を免除する意思表示をすることで免除となります。

免除により、債務は消滅します。主たる債務が免除により消滅すると付従性により保証債務も消滅します。

⑤　混同

混同とは、同一債権について債権者としての地位と債務者としての地位が同一人に帰属することをいいます（民法520)。債権者が主たる債務者に対して100万円を貸し付け、主たる債務者が（他の相続人なしに）債権者の債権債務を相続した場合には、消費貸借契約の債権者としての地位と債務者の地位が同一人に帰属することになり、混同が生じることとなります。混同により債務は消滅することになります。混同が生じる場面は、個人の場合では相続、法人の場合では合併が代表的ですが、あまり多くみられるわけではありません。主たる債務が混同により消滅した場合には、付従性により保証債務も消滅します。

2．保証債務について

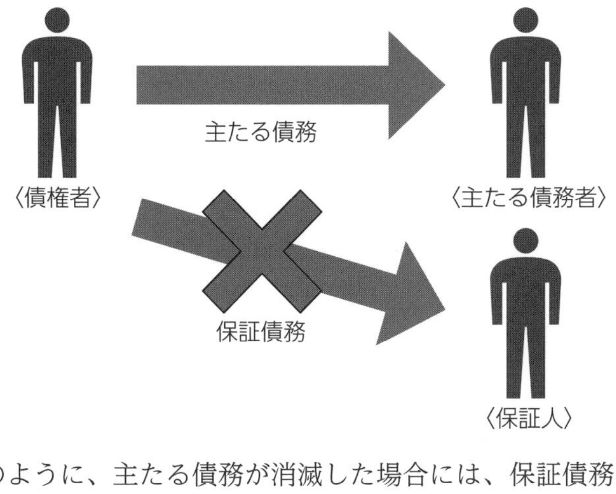

前述のように、主たる債務が消滅した場合には、保証債務も付従性により消滅することになりますが、これとは別に、主たる債務ではなく保証債務について消滅原因が生じた場合には、保証債務はそれにより消滅することになります。例えば、保証人が債権者に対し、保証債務の金額である100万円を弁済すると、保証債務が弁済により消滅することになります。

保証債務も債務ですので、主たる債務と同様に、弁済・相殺・更改・免除・混同によって消滅することになります。保証債務が更改や混同によって消滅する事例はあまり想定できませんので、弁済・相殺・免除について説明します。

①　弁済

保証人が保証債務の履行として弁済をすると保証債務は消滅します。保証債務が消滅すると、主たる債務も消滅することになります。この場合、保証人は、主たる債務者に対し求償権を行使することができます。求償権については、Q17・Q18で説明します。

②　相殺

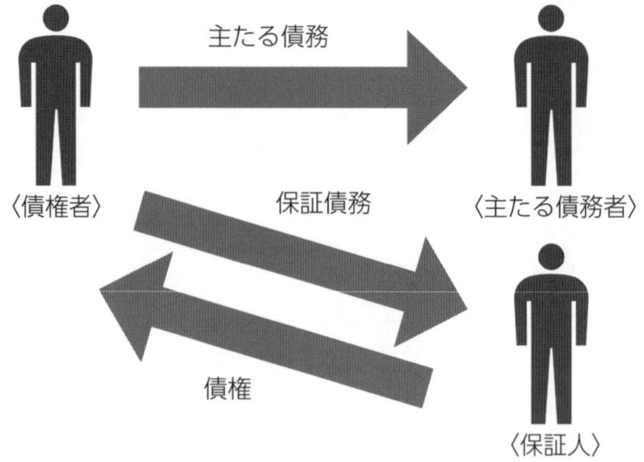

保証人が債権者に対し同種の債権を有していた場合には、互いに債務を負担しているといえることから、相殺をすることができます。保証人が相殺により保証債務を消滅させた場合、保証人は主たる債務者に対して求償権を行使することができます。

また、保証人が債権者に対し同種の債権を有していない場合であっても、主たる債務者が同種債権を有している場合には、相殺の抗弁を債権者に対し対抗できるとされています（民法457②）。具体的には、主たる債務者がその債務を免れるべき限度において、債務の履行を拒むことができます（民法457③）。債権者が主たる債務者に対し100万円を貸し付け、主たる債務者が債権者に対し50万円の金銭債権を有していた場合には、保証人は50万円の支払いについては、支払いを拒むことができます。このような場合には、主債務者は50万円分は相殺により主債務を消滅させる期待があること（保証人が100万円弁済して主債務者に求償してきた場合には主債務者は相殺できない）、また、保証人としても主債務者が50万円分は相殺により主債務を消滅させることができるのに保証人に100万円全額を履行させるのは酷であるためこのようなルールが設けられています。

もっとも、保証人にとって主債務者が有する50万円の債権は他人の権利なので、保証人は、主たる債務者の債権をもって相殺ができるのではなく、債権者からの請求に対し、支払いを拒むことができるにとどまります。

③　免除

債権者は、主たる債務ではなく保証債務のみを免除することもできます。しかし、保証債務は主たる債務とは別個の契約であり、保証債務を免除したからといって、主たる債務を免除しているわけではありません。そのため、債権者の保証人に対する免除は、主たる債務へ影響を与えません。

Q21 保証債務と時効

私は15年前にＳの債務を保証したのですが、Ｓはその債務を支払わないまま10年が経過したようです。すでにＳの債務は時効だと思うのですが私はまだ保証人としての責任を負うのでしょうか。

A21

①主たる債務は、消滅時効の期間が経過しています。あなたは保証人として主たる債務の時効を援用することで、保証人としての責任を免れることができます。

②時効期間内に主たる債務の完成猶予又は更新があった場合には、あなたは主たる債務の時効を援用できず、保証人としての責任を負うことになります。

解説

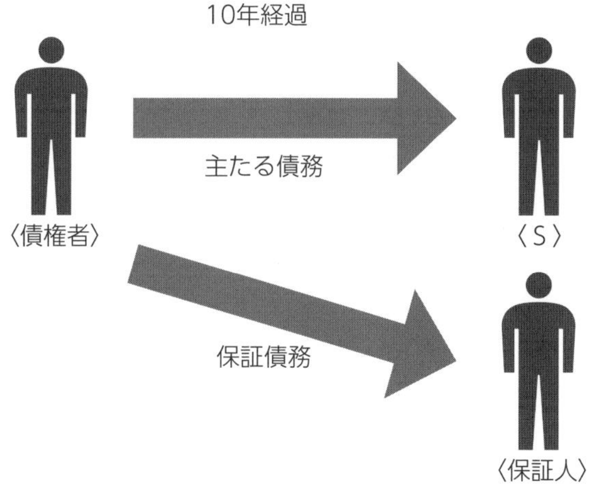

１．問題の所在

主債務者Ｓは債権者に対して債務を負っていましたが、当該債務は消滅時効の期間10年間（権利を行使することができる時から10年。民法166①二）行使されませんでした。Ｓの立場では、債権者が主たる債務の履行を請求してきても、消滅時効を援用することにより、主たる債務の履行を免れることが可能です（民法145)。それでは、保証人の立場から見たとき、保証人の債務も消滅したとして保証債務の履行を免れることができるのでしょうか。

２．時効について

時効とは、財産権について権利不行使という事実状態が一定期間継続した場合に、その権利を消滅させる制度です。権利を行使できることを知った時から５年、権利を行使できる時から10年間の経過により、権利が消滅します（民法166）。例えば、債権者が債務者に対し、100万円を貸し付け、何もしないまま弁済期から５年が経過した場合、債権は、時効により消滅することになります。

時効制度の趣旨は、永続した事実状態を尊重し、権利の上に眠るものを保護しないことにあります。

３．時効の援用について

(1) 時効の援用

もっとも、時効による債権消滅の効力を確定させるには、消滅時効期間の経過だけでなく、消滅時効の援用が必要となります（民法145）。具体的には、債務者は、債権者に対して、時効を援用する旨の意思表示をする必要があります。口頭で意思表示を行ってしまうと、援用した・しないと水掛け論となる可能性があるため、内容証明郵便等を利用して時効援用の意思表示を記載した書面を送付することが一般的です。

(2) 保証人による援用の可否

主たる債務の消滅時効が完成した場合、当然のことながら主たる債務者は時効を援用することができますが、主たる債務者が時効を援用しない場合、保証人であるあなたは主たる債務の時効を援用することができるのでしょうか。

時効の援用は、「当事者」がすることができるとされています（民法145）。民法改正前は、当事者が誰か明記されておらずその意義について争いがありましたが、改正により消滅時効の当事者は、「保証人、物上保証人、第三取得者その他権利消滅について正当な利益を有する者を含む」と定義されました（民法145かっこ書）。

したがって、保証人も主たる債務の消滅時効の援用をすることができ、保証人であるあなたも、主たる債務の消滅時効を援用すれば保証人としての責任を負わないことになります。

４．時効の完成猶予・更新

(1) 時効の完成猶予・更新の場合の保証債務への影響

債権者が、主たる債務者に対し訴訟提起した場合、主たる債務は、時効の完成が猶予されます（民法147①一)。また、主たる債務者が債務を承認した場合には、主たる債務の時効は更新されることになります（民法152)。このように、主たる債務について時効の完成猶予・更新が生じた場合、保証債務に影響はあるのでしょうか。

(2) 時効の完成猶予・更新の意義

改正前の民法では、時効の中断・停止が定められていました。現在では用語法が変わり、時効の完成猶予・更新となっています。

時効の完成猶予は、中断事由が生じている間は時効が完成しないという効果をいい、かつての時効の停止に類似する概念です。

時効の更新とは、中断事由が終了したときに、新たな時効進行が開始するという効果をいい、かつての時効の中断に類似する概念です。

もっとも、中断・停止という文言が完成猶予・更新に置き換わったのではなく再編集されているため注意が必要です。

裁判上の請求・支払督促・和解・調停・破産手続参加等の事由がある場合には、その事由が終了するまで時効の完成が猶予されます（民法147①)。例えば、債権者が債務者に対して、貸金を返せと訴訟提起した場合、その間、時効の完成は猶予されます。

民法第147条第１項の裁判上の請求等によって権利が確定した場合

には、時効が「更新」することとなります（民法147②）。つまり、債権者の債務者に対する裁判が確定した場合や和解により終了した場合には、時効は更新され、新たに時効期間が開始することになります。

また、債務者による権利の承認は、時効の更新事由となっています（民法152①）。債務者が債務の一部を弁済した場合には、債務者が債務を承認したといえるため、時効は更新されたことになります。

(3) 保証債務への影響

主たる債務者に対する履行の請求その他の事由による時効の完成猶予及び更新は、保証人に対しても、その効力が生じます（民法457①）。例えば、債権者が主たる債務者に対して履行の請求をして時効の完成が猶予された場合には、保証債務についても時効の完成が猶予されます。これは、債権の担保を図り、保証債務のみが時効消滅することを防止するために定められているものです。仮に、民法第457条第１項の規定がないと、主たる債務者に対しては、時効の完成猶予・更新がなされ債務が消滅しないにもかかわらず、保証人の保証債務について時効が完成することとなってしまい債権を担保した意味がなくなってしまいます。また、債権者は、主たる債務者とともに保証人に対しても請求等をすることが必要となり過度な負担がかかることとなってしまいます。このような負担から債権者を解放するために民法第457条第１項は定められました。

したがって、主たる債務につき、時効の完成猶予があった場合には、保証人の立場でも消滅時効を援用できなくなります。

一方、保証人が保証債務を承認した場合には、保証債務の時効は更新されますが、主債務者にその効力は及ばないとされています（民法153③）。

５．時効の利益の放棄

時効期間が経過した後であっても、債務者は時効の利益を放棄して債務を弁済することが可能です。仮に主たる債務者が時効期間の経過後、時効の利益を放棄したとしても、保証人は、保証債務の時効を援用することができます。時効の利益の放棄は、相対的な効力しか有しないとされているからです(大判大正５年12月25日民録22輯2494頁)。時効期間経過後に主債務者が時効の利益を放棄した場合、主債務者は時効を援用できませんが、保証人は時効を援用して保証債務の履行を免れることができます。この場合、主たる債務は保証債務のない債務として残ることになります。もっとも、主たる債務者だけでなく、保証人まで保証債務を承認した場合には時効の援用ができなくなるとされていますので注意してください（最判昭和44年３月20日集民94号613頁)。

Q22　主債務が解除された場合

当社は子会社Ｓ社がＧ社と取引を開始する際に、Ｓ社の債務を保証する旨の契約を締結しました。しかし、Ｓ社による納品が期待どおりになされないとして、Ｇ社はその契約を解除しました。すると、Ｇ社は保証人である当社に対して売買代金と納品した一部製品の返還を請求してきたのですが、支払う必要があるのでしょうか。

A22

- 当社は、保証契約時に、特に反対の意思表示をしていない限り、売買代金と納品した一部製品の返還請求に応じる必要があります。

解説

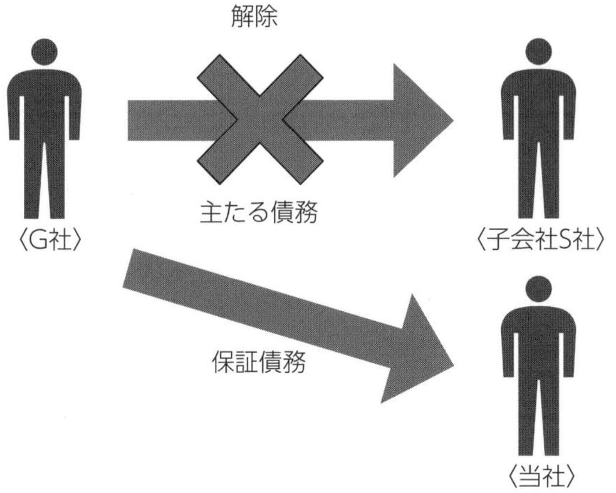

１．主たる債務者の責任

Ｇ社がＳ社との取引を解除した場合、Ｓ社は、Ｇ社に対し原状回復義務を負います（民法545①）。

原状回復義務とは、目的物が存在すればその物を返還する義務のことをいいます。また、金銭を返還するときは受領の時から利息を付けて返還することになります（民法545②）。

したがって、本問において、契約当事者であるＳ社は、売買代金を受領した時から利息を付けてＧ社に対して返還することになります（原状回復義務）。また、Ｓ社の納品の問題により、Ｇ社が契約を解除したのですから、Ｇ社はＳ社に損害賠償請求をする可能性もあります（損害賠償義務）。

2．保証人の責任

(1) 問題の所在

主たる債務が解除により消滅すると、付従性により保証債務も消滅することになります。G社と当社が保証契約を締結していた場合、G社とS社の契約が解除されるとS社が負っていた主債務が消滅することから、G社と保証人との保証債務も消滅します。

では、主たる債務が解除されS社に原状回復義務・損害賠償義務が生じた場合、保証人である当社にも原状回復義務・損害賠償義務が生じるのでしょうか。

(2) 損害賠償義務

民法上、保証債務は、「主たる債務に関する利息、違約金、損害賠償その他その債務に従たるすべてのものを包含する」とされています(民法447①)。

したがって、損害賠償義務は保証債務の対象となり、当社はS社が負う損害賠償義務についても保証人としての責任を負います。

(3) 原状回復義務

これに対し、原状回復義務については条文に明記されていません。この点に関しては最高裁の判例があり、「特定物の売買における売主のための保証においては、通常、その契約から直接に生ずる売主の債務につき保証人が自ら履行の責に任ずるというよりも、むしろ、売主の債務不履行に基因して売主が買主に対し負担することあるべき債務につき責に任ずる趣旨でなされるものと解するのが相当であるから、保証人は、債務不履行により売主が買主に対し負担する損害賠償義務についてはもちろん、特に反対の意思表示のない限り、売主の債務不履行により契約が解除された場合における原状回復義務についても保証の責に任ずるものと認めるのを相当とする」と判示しました（最判昭和40年６月30日民集19巻４号1143頁）。すなわち、特定物の売買契約において売主のために保証がされている場合、通常、売主の債務不履行を原因とした売主の債務を保証させる趣旨でなされるものであるとして、損害賠償義務はもちろん原状回復義務についても保証債務の範囲内にあると明言しました。

したがって、本問の場合にも、原状回復義務についても当社は保証人として責任を負うことになります。

(4) 合意解除の場合

これに対して、Ｇ社がＳ社との間で合意解除をした場合はどうでしょうか。

合意解除の場合は、契約当事者の意思によって保証人に過大な責任を負担させる結果になるおそれがあります。そこで最高裁は、請負契約についてですが、「実質的にみて解除権の行使による解除によって負担すべき請負人の前払金返還債務より重いものでないと認められるときは、請負人の保証人は、特段の事情の存しない限り、右約定の債務についてもその責めに任ずる」と判示しました（最判昭和47年３月23日民集26巻２号274頁）。

したがって、合意解除の場合でも当社は保証人として原状回復義務に関しても責任を負うこととなります。

第5章　保証債務の相続

Q23 保証債務の相続性

私の父がＳ社の保証人でしたが、先日父が死亡しました。私は父の唯一の相続人ですが、私もＳ社の保証債務を負うことになるのでしょうか。

A23

①主債務の内容や保証契約の内容にもよりますが、原則として、あなたはＳ社の保証債務を負うことになります。

②もっとも、保証債務が根保証等の場合には、保証債務は負わないと判断される可能性があります。

③あなたが限定承認をした場合には、積極財産の範囲で保証債務を負うことになり、相続放棄をした場合には、保証債務を負わないことになります。

解説

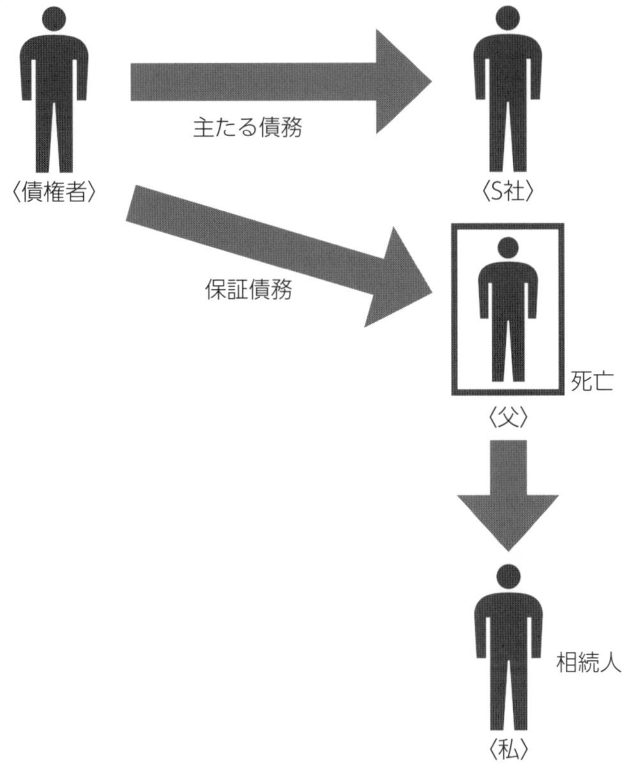

１．原則

相続人は、相続開始の時から、被相続人の財産に属した一切の権利義務を承継します（民法896）。

被相続人であるあなたの父が負っていたのは保証債務ですが、保証債務も被相続人から承継される義務に含まれます。そのため、被相続人が保証債務を負っていた場合、その相続人であるあなたはその保証債務を相続するのが原則です。

したがって、Ｓ社が主たる債務を返済できないなどの事情がある場合には、あなたはＳ社の保証人として保証債務を履行しなければなりません。

2．例外

もっとも、一部の保証債務については、裁判例において相続性が否定されており、実際には保証債務を履行せずに済む場合もあります。以下、類型ごとに説明します。

(1) 身元保証

雇用契約の締結にあたって、又は、雇用契約締結後に、従業員の雇い入れによって使用者に生じた損害の担保を目的とした保証が行われることがあり、これは身元保証と呼ばれます。詳細はQ31で説明しますが、身元保証に関しては特別法が制定されており、身元保証ニ関スル法律の適用があります。

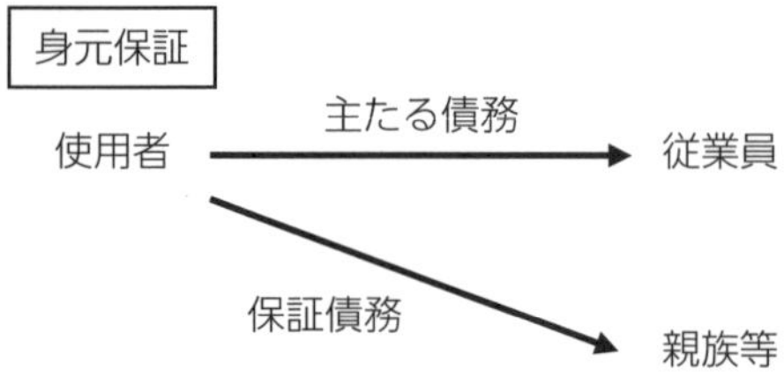

身元保証ニ関スル法律には、保証人に相続が発生した場合について規定はありませんが、古い裁判例において、身元保証契約が相続人に相続されることが否定されています（大判昭和18年９月10日大民集22巻948頁）。身元保証は、保証人と従業員との間の強い人的信頼関係を基礎としているためです。民法上も被相続人の一身に専属していたものは相続されないとされており（民法896ただし書）、身元保証人たる地位も、その主債務者との信頼関係の強さから、被相続人の一身に専

属していたものとして相続されないことになります。

(2) 根保証

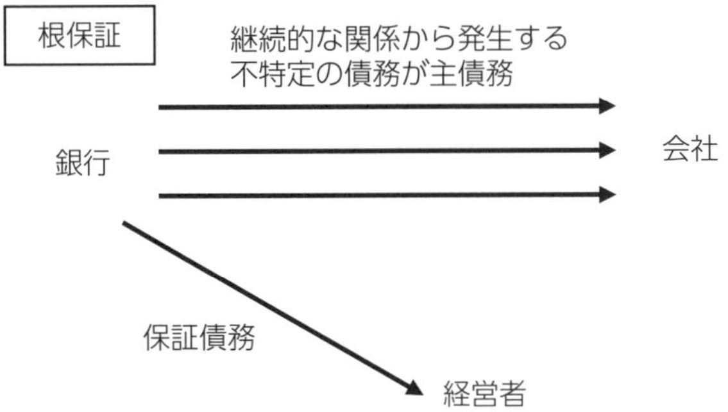

続いて、根保証はどうでしょうか。根保証契約は、継続的な関係から発生する不特定の債務を主債務とする保証契約をいい、例えば継続的な売買取引・銀行取引等から生じる不特定の債務を保証する場合がこれに当たります。詳細はQ27・Q28で説明します。

根保証については、極度額及び保証期間につき定めのない包括根保証契約は相続されないとされています（最判昭和37年11月９日民集16巻11号2270頁）。この裁判例においては、極度額及び保証期間につき定めのない包括根保証契約においては、特定の債務についてした通常の連帯保証の場合と異なり、その責任の及ぶ範囲がきわめて広汎となること、また、契約締結の当事者の人的信用関係を基礎とするものであることから、特段の事由がない限り、保証人の相続後に生じた主債務については保証人の相続人が負担しないと判断しています。

これに対して、極度額又は保証期間のいずれかについて定めのある根保証契約については、根保証契約は相続人に承継されるとされています（大判昭和７年６月１日法律新聞3447号８頁）。

結論としては、相続人において、保証債務の額が予見可能でないものは相続が否定されていることになり、極度額や保証期間が限定され保証債務の額が予見可能なものについては相続が肯定されています。根保証に関しては、Q27・Q28で説明するように、改正がされていますが、個人根保証契約については、保証人の死亡が元本確定事由とされており、保証人に相続があった場合には、元本が確定したうえで相続人に相続がされることが前提とされています。そのため、個人根保証契約に該当する契約に関しては、相続人に相続がされると考えるべきことになります。

根保証債務については、そもそも相続されるか、相続されるとしてどの範囲で相続されるか、上記のとおり確認が必要です。

(3) 不動産賃貸借の保証

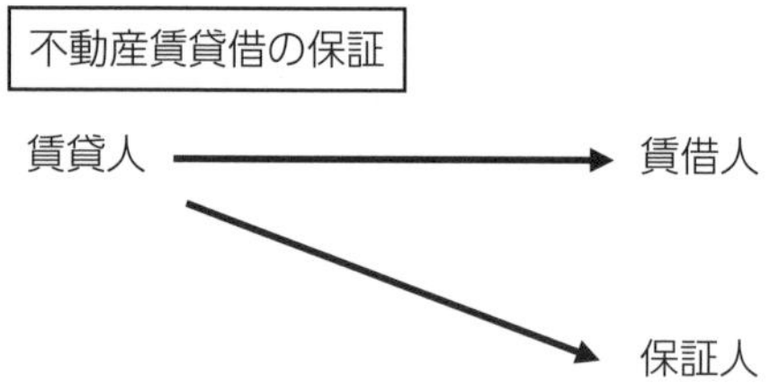

不動産賃貸借の保証とは、賃借人が賃料を支払わない場合や原状回復義務を履行しない場合等を想定して、賃貸借契約に付随して締結される保証契約をいいます。詳細はQ30で説明しています。

不動産賃貸借の保証の場合、責任期間や責任の限度額について定めがないものが依然として多くあります。そのような場合であっても、判例上、賃貸借契約における保証契約につき、相続人は当該契約を相続するとされています。不動産賃貸借の保証の場合、主たる債務者である賃借人が支払わなかった賃料や原状回復義務、賃貸物件を損壊した場合の損害賠償義務等保証人が負う債務は多岐にわたりますが、保証人の相続人はそのいずれも負う可能性があります。

3．相続人が複数の場合

本問とは異なり、あなたの他にも相続人がいた場合、保証債務はどのように相続人に承継されるのでしょうか。

相続人は、その相続分に応じて被相続人の権利義務を承継します（民法899）。保証人であった被相続人が死亡した場合、各相続人は、相続分の範囲で保証債務を承継することになります。

父が1,000万円の債務を保証していたとします。父の相続人が私と私の弟のみであった場合には、それぞれが500万円ずつの保証債務を相続することになります。

4．とり得る手段

上記のとおり、あなたの父が負っていた保証債務が包括根保証の場合には、保証債務を相続しない可能性がありますが、そうでない場合にはあなたは保証債務を相続することになります。

相続人のとり得る手段の詳細は、Q25においても説明しますが、あなたとしては、相続放棄や限定承認をすることにより、相続債務の負担を回避することも可能です。もっとも、相続放棄は、保証債務のみならず不動産や預金などのプラスの価値のある財産も放棄しなければなりません。保証債務を相続したとしても、実際に保証債務を履行しなければならないかどうかは相続の時点ではわからないことが多いため、プラスの価値の財産まで放棄する決断をすることは難しい場合もあり得ます。

一方、相続人には、相続放棄だけでなく、限定承認という手続も用意されています（民法922）。限定承認は、相続人が相続によって得た積極財産の範囲内でのみ被相続人の債務及び遺贈を弁済するという留保付きの相続となります。そのため、保証債務については、承継した積極財産の限度内でしか責任を負いません。もっとも、限定承認は相続人が数人あるときは、共同相続人の全員が共同してのみすることができる点や（民法923）、譲渡所得税が課されるおそれがある点など制約が多いので注意が必要です。

Q24 保証債務の付従性

私はＳの保証人でしたが、先日Ｓが死亡しました。Ｓが死亡したため、私の保証人としての責任もなくなったと考えてよいのでしょうか。

A24

①主たる債務者であるＳが死亡しても、債務は消滅しません。したがって、保証人としての責任は消滅せず、存続することになります。

②仮にＳの相続人が限定承認や相続放棄をした場合でも、保証人としての責任はなくなりません。

解説

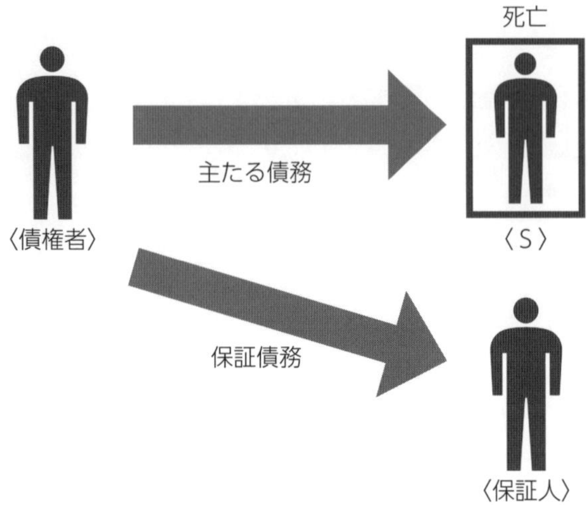

1．相続の効果

相続が開始すると、相続人は、自己の意思とは無関係に被相続人の財産を包括的に承継することになります（民法896）。Ｓが死亡した場合、Ｓの相続人は、相続人の意思とは無関係に積極財産（プラスの財産）も消極財産（負債）も承継することになります。例えば、1,000万円の預金と1,000万円の借入金があった場合、1,000万円の預金と1,000万円の借入金の両方を相続することになります。

Ｓの相続人としては、Ｓの相続財産を承継するか否かにつき、単純承認・限定承認・相続放棄のいずれかの対応を選択することができます。詳細はQ25で説明します。

２．保証人としての対応

一方、保証人としては、主債務者であるＳに相続が発生してもその立場に変わりはありません。Ｓの相続人がＳの相続につき単純承認した場合はもちろん、限定承認や相続放棄をした場合もその責任に変わりはありません。

すなわち、主債務者Ｓの相続人が単純承認して、Ｓの主たる債務を相続することになった場合でも、保証人は引き続き保証債務を負います。また、主債務者Ｓの相続人が主債務について相続放棄や限定承認を行い、債権者がＳの相続人に対し、一部又は全部の主債務の履行を請求できなくなったとしても、保証人としての立場は変わらず、保証債務を請求されればそれに応じなければなりません。むしろＳの相続人全員が相続放棄した場合には、債権者としては主債務者Ｓが相続時に残したプラスの財産から回収することは期待できないため、保証人から債権を回収せざるを得ないことになり、保証人として負う責任は大きくなると考えた方がよいでしょう。

なお、保証債務が根保証の場合には、主債務者の死亡は元本確定事由となるため、保証人は主債務者Ｓが死亡した時点の債務の範囲でのみ責任を負うことになります。

Q25 保証債務がある場合の対応

　私の父がＡ社の保証人でしたが、先日父が死亡しました。私は父の唯一の相続人ですが、Ａ社の保証債務を相続することになるそうです。Ａ社も資金繰りが苦しいようで近い将来破産を考えているそうです。その場合私は保証人としてＡ社の債務を返済しなければならないのでしょうか。

A25

①Ａ社が破産をしても、保証人としての責任に何ら影響を与えません。

②あなたとしては、限定承認又は相続放棄の手続をとることにより保証人としての責任を免れることができます。

解説

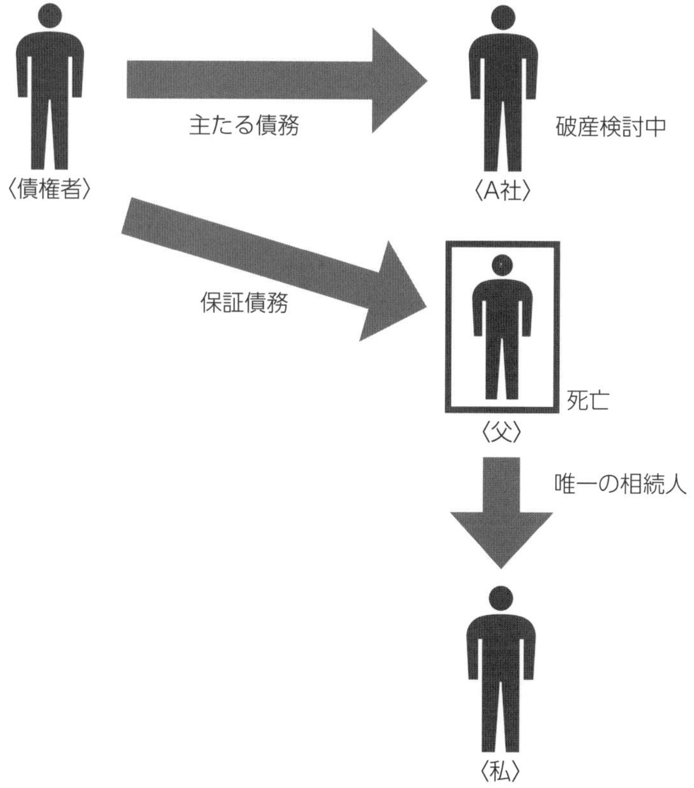

1.　主債務者が破産した場合

主たる債務者が法人であり、破産手続が終結した場合、法人格は消滅します。しかし、主たる債務者である法人の破産手続終了により法人格が消滅し、主たる債務が消滅しても、保証債務は消滅しません。債権者としては、主たる債務者が破産した場合等に備えて保証契約を締結していることから当然のことといえます。

なお、主たる債務者が個人である場合、債務は免責され自然債務となり、必ずしも主たる債務が消滅するわけではありません（破産法253）。この場合であっても、保証債務は消滅しません（破産法253②）。

2．保証人のとり得る手段

本問においては、主債務者であるA社も資金繰りが厳しく、近い将来破産する可能性が高くなっています。その場合、保証人の地位を父から承継したあなたは、保証債務を履行しなければなりません。なお、保証債務を相続するか否かについてはQ23で説明しますが、本問では相続するとして説明します。

保証人として責任を負う金額が多額にのぼり、到底あなたの財産では返済ができないような場合には、私的整理や破産手続をとることも考えられます。しかし、本問のように、保証債務を相続した相続人の立場であれば、限定承認や相続放棄をすることにより、保証債務の返済を免れることも可能です。

(1) 相続人のとり得る手段

本問の父が死亡した場合、あなたは何もしなければ、自分の意思とは関係なく父の債務を引き継ぐことになります。被相続人であるあなたの父が債務とともに多くの積極財産（プラスの財産）を有しており、積極財産と消極財産（負債）を計算してそれでもプラスになるのであれば、いずれも相続しようと考えることもあるでしょう。しかし、保証債務の額が積極財産を大きく上回る場合や、他にも多くの債務がある場合には、積極財産も消極財産（債務）も相続したくないと考える場合もあります。そのような場合には、相続放棄や限定承認の手続をとることも可能です。

すなわち、状況に応じて相続の単純承認・限定承認・相続放棄を選択することになります（民法915①）。

（2）単純承認

単純承認とは、相続人が被相続人の権利を無制限無条件に相続することをいいます。積極財産が1,000万円あり、消極財産が2,000万円あった場合に単純承認すれば、相続人は、1,000万円の積極財産も2,000万円の消極財産も相続することになります。

単純承認したとみなされるのは、以下のとおりです。

①　相続人が相続財産の全部又は一部を処分したとき（民法921一）

②　相続人が自己のために相続があったことを知った時から３か月以内に限定承認や相続放棄をしないとき（民法921二）

③　相続人が、限定承認又は相続の放棄をした後であっても、相続財産の全部又は一部を隠匿し、私にこれを消費し、又は悪意でこれを相続財産の目録中に記載しないとき（民法921三）

①については、事実行為であっても、法律行為であっても相続財産を処分すればここでいう「処分」に当たります。被相続人の相続財産の一部である預金を下ろしたり、現金を自分のために使ってしまったりした場合は、これに該当します。被相続人につき相続手続を行うとこの単純承認に該当してしまう場合が多いです。

②については、例えば、被相続人が死亡し、自分が相続人であることを具体的に知っていたにもかかわらず、３か月が経過すると単純承認したとみなされます。相続開始を知ってから３か月という期間は短いですが、３か月以内にこの期間を延長する旨の申し出を家庭裁判所に行えば、この期間を延長することができます。①のような積極的な行為を行わなくても、相続を知ってから何もせずに３か月が経過すれば単純承認とみなされてしまうことになります。

③については、例えば、相続放棄をした後でも、財産の一部である

美術品を隠した場合などには、単純承認したとみなされます。

(3) 限定承認

限定承認とは、相続財産の限度でのみ相続債務・遺贈を弁済することを留保して相続を承認することをいいます（民法922）。例えば、主たる債務者が預金1,000万円と2,000万円の借入金が存在する状態で死亡し、相続人が限定承認をすると、1,000万円の限度で責任を負うことになります。承認であることから相続人は債務も権利とともに承継することになります（民法925）。本来相続人は、相続債務について無限責任を負うものの、債務の過大な承継から相続人を守るために定められた制度です。

なお、相続人が複数いる場合には、全員で限定承認をする必要があります（民法923）。

限定承認をするには、熟慮期間内に、相続財産の目録を作成し、家庭裁判所に提出し、限定承認する旨を申述する必要があります。相続から3か月以内に財産目録を作成し相続人全員で申述する必要があることから手続が煩雑であるといえ、実務上限定承認はあまり利用されていません。

限定承認をした場合、相続財産の管理を継続する必要があります（民法926）。注意義務の程度は、善管注意義務よりも軽い固有財産におけるのと同一の注意となります。

そして、相続債権者及び受遺者に対し公告及び催告をし（民法927）、公告期間満了後に弁済をすることになります（民法929）。

不当な弁済をした場合には、損害賠償責任を負うことになります（民法934）。

本問のあなたは、限定承認をすることで、積極財産を超える保証人としての責任を免れることができます。

(4) 相続放棄

相続放棄とは、自己の相続について、相続財産を一切承継しない旨の意思表示をいいます（民法938)。

相続放棄をすると、初めから相続人とならなかったことになります（民法939)。例えば、債務者が1,000万円の預金とともに、2,000万円の債務を有している状況で死亡し、相続人が相続放棄をした場合、相続人は、債務とともに預金についても相続人とならないことになります。

債務についてのみ相続放棄をすることはできないので相続放棄をする場合には、注意が必要です。

相続の放棄をしようとする場合、その旨を家庭裁判所に申述する必要があります（民法938)。限定承認と異なり、相続人全員での申述は必要とされていません。相続放棄を望む者が、単独で申述することができます。

本問のあなたは、相続放棄をすることで、保証人としての責任を免れることができます。もっとも、相続放棄を行うと、同順位の他の相続人がいない場合、次順位の親族が相続人となります。本問の場合、子であるあなたが相続放棄をした場合には、父の兄弟（兄弟が亡くなっている場合にはその子）が相続人となる可能性がありますので、その親族が保証債務を免れたい場合にはその親族も相続放棄の手続をとる必要があります。

Q26 保証債務の評価

被相続人ＡはＢの保証人となっており、Ａの相続が発生した直後に債権者から保証債務の履行を求められたため、私が全額を支払いました。債権者によればＢは夜逃げしたとのことです。私はＡの相続人として、現在Ｃとの間で遺産分割調停を行っていますが、この保証債務はどのように評価されるのでしょうか。また、Ａの相続に関しては相続税申告も必要であり、相続税申告でどのように扱われるかも知りたいです。

A26

①原則として、保証債務は遺産分割において債務として控除されません。

②もっとも、主たる債務者が弁済不能の状態にあるため保証人がその債務を履行しなければならず、かつ、主たる債務者に求償しても返還を受けられる見込みがない場合には、債務控除が認められる可能性があります。

③相続税申告においても、原則として債務控除の対象となりませんが、（ア）主たる債務者が弁済不能の状態にあるため、保証人がその債務を履行しなければならない場合であり、（イ）主たる債務者に求償しても返還を受ける見込みがない場合には、債務控除の対象となる可能性があります。

解 説

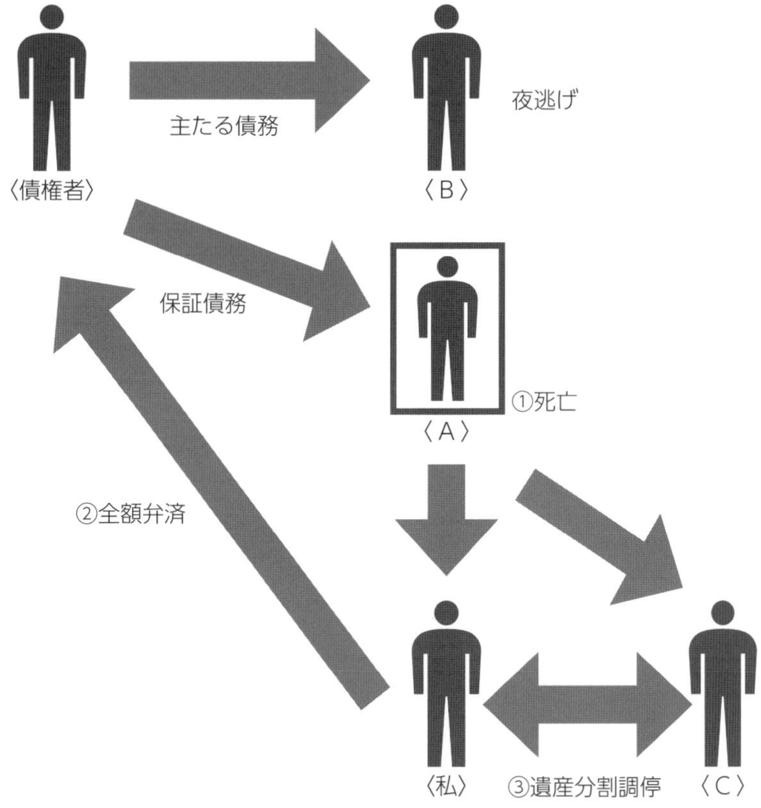

１．遺産分割における保証債務の評価

（1）遺産分割の概要

遺産分割とは、被相続人が死亡時に有していた財産について、個々の相続財産の権利者を確定させる手続です。被相続人の財産に関し有効な遺言がある場合には遺言によって財産の分配が確定しますが、有効な遺言がない場合、また、有効な遺言があるが被相続人の全部の財産を網羅していない場合は、遺言に記載がない財産について相続人全

員での遺産分割協議が必要となります。

遺産分割協議は相続人全員で行われますが、当事者間で協議がまとまらない場合には、相続人の誰かが家庭裁判所に申立てを行い、家庭裁判所における遺産分割調停を行うことになります。さらに、遺産分割調停でも相続人間で合意がまとまらない場合には、裁判官が遺産の分割を決定する遺産分割審判の手続に移行することになります。

(2) 遺産分割における債務の扱い

被相続人が負っていた金銭債務は、法律上の原則としては、相続人が複数ある場合には当然に分割され、各相続人がその相続分に応じてこれを承継することになります（最判昭和34年6月19日民集13巻6号757頁）。すなわち、本問におけるAの法定相続人があなたとCの2名でその法定相続分が2分の1ずつの場合、相続時にAが負っていた債務は遺産分割協議を行うまでもなく2分の1ずつあなたとCに帰属し、その返済を行う必要があります。

もっとも、実務上は、少額な金銭債務であれば（医療費や施設への支払い等）相続人のいずれかが被相続人の相続開始後支払ってしまいますし、金融機関からの融資であれば金融機関とも協議し、当該借入金を相続人の一人（特に融資に関連する収益不動産を相続する相続人）が承継するのが一般的です。

そのため、通常の金銭債務であれば、それも遺産分割協議の対象として、積極財産（プラスの財産）と合計して、その差額を法定相続人間で法定相続分で分けるように協議することになります。

(3) 遺産分割における保証債務の扱い

① 原則

それでは、被相続人が保証債務を負っていた場合、保証債務はどのように扱われるのでしょうか。

まず、被相続人が保証債務を負っていた場合、その保証債務は、相続により、法定相続人がその法定相続分に応じて責任を負うことになります。すなわち、主債務が1,000万円であり、債権者から保証債務の履行を請求された場合、保証人Ａの相続人であるあなたとＣは500万円ずつ保証債務を履行する義務を負います。

本問とは異なり、主債務者が自身で債務を履行した場合には、保証人が保証債務を履行することはないため、保証人だからといって支払いが発生するとは限りません。また、保証人として保証債務を履行しなければならなくなった場合にも、保証債務の履行後、主たる債務者に対して求償することが可能であるため、保証債務の支払いというマイナスと求償権というプラスの両方が存在し、保証人の財産として必ずしもマイナスにはなっていません。そのため、被相続人が保証債務を負っており、相続人がそれを相続する場合であっても、その保証債務を遺産分割において債務として計上することは、原則として認められません。

② 保証債務の計上が認められる場合

これに対して、（ア）主たる債務者が弁済不能の状態にあるため保証人がその債務を履行しなければならず、かつ、（イ）保証債務を履行した後に主たる債務者に求償しても返還を受けられる見込みがない場合には、当初の保証人の相続人は保証債務の履行が確実であるといえます。加えて、保証債務を履行した後も主たる債務者に対し求償権を行使しても返還を受けられないことになります。そのような場合には、保証人は保証債務を履行した後に主たる債務者に対し事実上求償できないのですから、保証債務も遺産分割において債務として計上するのが合理的です。

本問の場合、Ａの相続がおきた直後に債権者から保証債務の履行を求められ、法定相続人の一人であるあなたが全額を支払っています。また、債権者によれば主債務者Ｂは夜逃げしたとのことです。このような事情からすれば、主債務者Ｂの所在がわからなくなっており主債務者が弁済不能の状態にあるとはいえそうです。また、あなたの立場からしても主たる債務者の所在がわからない以上、求償しても返還を受けられる見込みは低いといえます。したがって、Ａの相続財産に関する遺産分割調停において、あなたが相続した保証債務をマイナスの財産として計上することは認められる可能性があります。

なお、仮に遺産分割調停において保証債務を計上することが認められないとしても、あなたはすでにＣが負う債務も含め保証債務全額を支払ったとのことですので、支払った保証債務のうち２分の１について、Ｃに請求することが可能です。実際上は遺産分割調停においてＣと取扱いを協議することが多いとは思いますが、遺産分割調停の枠外で別途請求することも可能です。

2．相続税申告における評価

また、相続税申告における債務控除が可能かどうかも、同様の観点で決められます。

すなわち、(1) 原則として、保証債務は控除されません。しかし、①主たる債務者が弁済不能の状態にあるため、保証債務者がその債務を履行しなければならない場合で、かつ、②主たる債務者に求償して返還を受ける見込みがない場合には、主たる債務者が弁済不能の部分の金額は、当該保証債務者の債務として控除することとされています。さらに、(2) 連帯債務については、連帯債務者のうちで債務控除を受けようとする者の負担すべき金額が明らかとなっている場合には、当該負担金額を控除し、連帯債務者のうちに弁済不能の状態にある者（以下「弁済不能者」といいます。）があり、かつ、求償して弁済を受ける見込みがなく、当該弁済不能者の負担部分をも負担しなければならないと認められる場合には、その負担しなければならないと認められる部分の金額も当該債務控除を受けようとする者の負担部分として控除することとされています（相基通14-３）。

第6章
様々な保証

Q27 根保証①

根保証とは何でしょうか。通常の保証との違いを教えてください。

A27

①根保証とは、一定の範囲に属する不特定の債務を主たる債務とする保証です。

②通常の保証では、保証の対象となる債務が契約時点で定まっているのに対し、根保証では、保証の対象となる債務が契約時点では定まっておらず、保証範囲に含まれる債務が発生するごとに保証対象に加わっていきます。

③根保証では、元本が確定するまで新たな主債務が発生するたびに保証する責任を負い続けることになります。元本が確定すれば、保証人は、その時点までに発生した主債務のうち主債務者が弁済できなかったものについてのみ弁済すれば保証債務を履行したことになります。

④根保証において、保証金額の上限を極度額と表現します。

解説

１．根保証契約の概観

(1) 根保証契約の意義

根保証契約は、継続的な関係から発生する不特定の債務を主債務とする保証契約であり、主債務者が債務の履行をしない場合に、これに代わって支払いをする義務を負う契約である点で通常の保証契約と共通します。保証契約書を作成しなければならないこと（民法446②)、債権者が委託を受けた保証人から請求されたときは主債務者の履行状況にかかる情報を提供しなければならないこと（民法458の２)、主債務者が期限の利益を喪失した場合には債権者から保証人に情報を提供しなければならないこと（民法458の３）といった保証契約一般の規制は当然に適用されます。しかし、主債務が根保証契約の締結時点では決まっておらず、主債務が発生と消滅を繰り返すこともあり、一度発生した主債務が弁済などにより消滅しても根保証契約は終了せずに存続するという点で通常の保証契約とは異なります。

例えば、会社は銀行から繰り返し融資を受けて複数の貸金債務を負うことがありますが、将来的に会社が受ける融資について保証すると前もって約束する契約は根保証契約です。この根保証契約を締結する時点では、会社が将来どれだけ銀行から融資を受けるか不明確ですが、根保証契約締結後に融資を受ければ、その貸金債務が根保証の対象になります。また、一度根保証の対象になった貸金債務を会社が弁済して消滅しても根保証契約は継続するため、会社が新しく銀行から融資を受ければその貸金債務が改めて根保証の対象になります。

改正後の民法では、根保証契約の類型について、保証人が個人である場合と、保証人が法人である場合に分けています。そして特に保証人が個人である場合について、主債務の範囲に貸金等債務（金銭の貸渡し又は手形の割引を受けることによって負担する債務）が含まれるか否か、また、主債務の範囲に事業目的債務（事業のために負担する債務）が含まれるか否かに応じて、次のとおりに分けて特別の規制を設けています。

① 個人根保証契約（主債務の範囲に貸金等債務も事業目的債務も含まない）

② 個人貸金等根保証契約（主債務の範囲に貸金等債務は含み、事業目的債務は含まない）

③ 事業目的債務個人根保証契約（主債務の範囲に事業目的債務は含み、貸金等債務は含まない）

④ 事業目的貸金等債務個人根保証契約（主債務の範囲に事業目的の貸金等債務を含む）

また、保証人が法人である場合についても、保証人から主債務者に対する求償権にかかる債務を主債務とする保証契約について、個人が保証人となる場合には、特別の規制を設けています。

(2) 根保証契約の機能

根保証は、不特定で金額も増減する主債務に対して、債務者以外の者の一般財産を引当てとする人的担保を提供するものです。類似の制度として、同様の場面で物的担保を提供する根抵当や根質があります。

継続的な関係において債務の発生と消滅が繰り返されることが想定される場合に、その都度保証契約を締結することは非常に煩雑になるため、その負担を避けて人的担保を提供するために根保証契約が用いられます。

２．元本確定

(1) 元本確定の意義

根保証契約において、保証の対象となる主債務の範囲を固定することを元本確定といいます。根保証契約の継続中、保証の対象となる主債務は発生と消滅を繰り返しますが、元本確定すると、保証人は、元本確定時点で主債務に含まれている債務及び利息等についてのみ保証していることとなり、それ以降に発生した債務は保証の対象にならなくなります。

債権者の立場では、どういった条件が満たされるまで根保証を継続させる必要があるかを考慮して元本確定期日又は元本確定事由を設定する一方、保証人の立場では、自分がどれだけの期間この根保証契約に拘束され続けるのかを明確に認識し、根保証契約締結の判断を慎重にする必要があります。後述するように、個人根保証契約では法定の元本確定事由があり（民法465の４①）、個人貸金等根保証契約では法定の元本確定期日（民法465の３）と元本確定事由（民法465の４①②）があります。

(2) 元本確定前の保証債務履行請求

元本確定前でも根保証について保証債務の履行請求をすることが可能であり、かつ、当該主債務について債権譲渡がされれば根保証人は債権譲受人に対しても保証債務を履行しなければならないと解されています（最判平成24年12月14日民集66巻12号3559頁）。しかし、この解釈が広く一般に妥当するのか、このような債権譲渡の場合に極度額がその分だけ減少するのかなど、解釈が分かれたため今般の法改正においても明文化は見送られています（部会資料80−３第21頁）。類似の担保制度である根抵当では担保権を実行すれば元本が確定することとなりますが（民法398の20①一）、後述するように、根保証において担保権実行により元本確定するのは個人根保証の場合に限定される（民法465の４①一）ため、区別が必要です。

(3) 保証人による根保証契約の解約権（元本確定請求権）

根保証契約においては、保証期間の定めがない場合での相当期間の経過（大判昭和７年12月17日大民集11巻2334頁）、主債務者の財産状態の著しい悪化（大判昭和９年２月27日大民集13巻215頁）、主債務者と保証人との信頼関係の破壊（最判昭和39年12月18日民集18巻10号2179頁）といった場合に、それ以降に新たに発生した主債務の保証責任を負わない旨の解約権（元本確定請求権）が保証人に認められることがあります。この場合でも、保証人は、解約時点で存在している主債務については保証責任を負います。

3．極度額

根保証契約において、保証の対象となる主債務及び利息等の上限額を極度額といいます。

債権者の立場では、発生が見込まれる主債務の金額を考慮して極度額を設定する一方、保証人の立場では、自分がどれだけの責任を負うことがあるのかを極度額によって明確に認識し、根保証契約締結の判断を慎重にする必要があります。後述するように、保証人が個人である根保証契約では、極度額を書面又は電磁的記録により定めることが契約の有効要件となります（民法465の２）。すなわち、「保証人の負担は、金1,000万円の極度額を限度とする」とか「極度額　金１億円」などと明記すべきことになります。

Q28 根保証②

根保証の場合に気をつけるべき点を教えてください。

A28

①平成29年民法改正で保証人保護の法規制が拡充されました。
②保証人が個人か法人か、主債務に貸金等債務が含まれるか、主債務が事業のために負担する債務かなど、根保証の態様によって規制が異なるため、どの類型に当たるか慎重な確認が必要です。
③個人が保証人となる根保証において、包括根保証は全面禁止となっています。

解説

１．個人根保証契約

(1) 概要

根保証契約では、契約締結時点でどの債務を保証するのか不特定であるため、通常の保証契約よりも保証人にとって想定外の過重な負担が発生する危険が大きくなります。すると、保証人の生活が破綻することを防止するという通常の保証契約における法規制の趣旨が、根保証契約ではより強く当てはまるため、特に根保証人が個人である場合（法人でない場合）には、責任の上限に予測可能性を確保できるよう追加的な規制がなされています。この結果、従前行われていた「主債務者が将来負担する一切の債務」などと主債務の範囲、主債務の発生期間、保証される金額の限度額を限定せず保証する包括根保証を個人が行うことは禁止されることになります。

改正前の民法では、個人が根保証人となる場合でも、こういった追加的な規制がされるのは、主債務に貸金等債務が含まれる場合に限られていましたが、改正後の民法では、個人が根保証人となる場合一般に追加的な規制を拡大することになりました。これにより、継続的な商品売買にかかる代金債務や、不動産賃貸借にかかる賃料債務などを主債務とする場合も追加的な規制の対象となっています。

(2) 書面契約（民法446②）

通常の保証契約と同様に書面又は電磁的記録により契約を締結する必要があります。

(3) 主債務の範囲（民法465の２）

保証人が個人である根保証契約では、主債務は「一定の範囲」に属するものでなければならないものとされています。そのため、契約締結時に保証の対象とする債務を「Ａ（債権者）とＢ（主債務者）が令和４年10月10日付けで締結した売買基本契約に基づく商品売買取引によりＢがＡに対して現在及び将来負担する売買代金債務」などとして、その範囲を定める必要があります。

(4) 極度額の定め（民法465の２）

保証人が個人である根保証契約では、保証される金額の限度額（極度額）も具体的な金額を書面又は電磁的記録により定めなければ、契約が無効となります。この極度額は元本のほか利息や違約金なども含めた総額としての金額を指します。この定めは、保証人が責任を負う可能性のある金額を明示して危険の大きさを予測可能にし、かつ、根保証が必要な金額の範囲について慎重な判断をさせる趣旨で設けられています。なお、極度額の定めがあっても、保証人の財産状況に照らして不相当に極度額が高額であるなどの事情がある場合には、信義則により責任範囲が限定されることがあります（東京地判平成12年１月27日判例時報1725号148頁）。

(5) 元本確定事由（民法465の４①）

保証人が個人である根保証契約では、次の場合には元本が確定（Q27の解説２.）します。

①　債権者が金銭債権によって保証人の財産に強制執行等を申し立てたとき

②　保証人が破産手続開始の決定を受けたとき

③　主債務者又は保証人が死亡したとき

元本が確定すると、保証人は、元本確定時点において保証対象となっている主債務についてのみ責任を負い、元本確定時点以降に発生した債務については責任を負わないことになります。例えば、保証人の死亡は元本確定事由とされているため、その死亡時点において存在している主債務が保証対象となる元本として確定し、保証人の相続人は、その元本について相続債務として責任を負う一方、主債務の範囲に含まれる債務であっても、保証人の死亡時点以降に発生した債務について保証人の相続人は責任を負いません。改正前民法でも、不動産賃料債務のような予測可能性のある保証を除き（東京地判平成22年１月28日判例集未登載）、包括根保証の場合には保証人の死亡により元本確定することが判例により認められていましたが（最判昭和37年11月９日民集16巻11号2270頁）、個人根保証一般の場合に元本確定事由が拡大されたことになります。

(6) 主債務の履行状況の情報提供義務（民法458の２）

通常の保証契約と同様に、債権者は、主債務者の委託を受けて保証をした保証人から請求があった場合、主債務の履行状況にかかる情報提供をしなければなりません。

(7) 期限の利益喪失の情報提供義務（民法458の３）

通常の保証契約と同様に、債権者は、主債務について期限の利益が喪失したときは、期限の利益喪失を知った時から２か月以内に、保証人に対して通知しなければなりません。

２．個人貸金等根保証契約

(1) 概要

個人根保証契約であって主債務の範囲に貸金等債務（金銭の貸渡し又は手形の割引を受けることによって負担する債務）が含まれる場合には、さらに追加的な規制がされています。貸金等債務の類型は、社会問題としての意識が強かったことから改正前の民法でも規制の対象とされていましたが、その規制の多くが改正後の民法では個人根保証契約一般に拡大されました。個人貸金等根保証契約に特有の規制は元本確定事由及び元本確定期日について残ることになっています。

(2) 書面契約（民法446②）

前述の「１．個人根保証契約（2）書面契約」と同様です。

(3) 主債務の範囲（民法465の２）

前述の「１．個人根保証契約（3）主債務の範囲」と同様です。

(4) 極度額の定め（民法465の２）

前述の「１．個人根保証契約（4）極度額の定め」と同様です。

(5) 元本確定事由（民法465の４①②）

個人貸金等根保証契約では、次の場合には元本が確定します。

①　債権者が金銭債権によって保証人の財産に強制執行等を申し立て

たとき

②　保証人が破産手続開始の決定を受けたとき

③　主債務者又は保証人が死亡したとき

④　債権者が金銭債権によって主債務者の財産に強制執行等を申し立てたとき

⑤　主債務者が破産手続開始の決定を受けたとき

元本が確定すると、保証人は、元本確定時点において保証対象となっている主債務についてのみ責任を負い、元本確定時点以降に発生した債務については責任を負わないことになります。①～③は前述の「１．個人根保証契約（5）元本確定事由」と同様ですが、貸金等根保証契約の場合は、このほかに④・⑤も元本確定事由となります。これは、個人根保証契約のうち借地借家法が適用される賃貸借契約の賃料債務について根保証する場合、債権者（賃貸人）は必ずしも主債務者との賃貸借契約を解除できないため、主債務者に対して強制執行等を行った後に発生する賃料債務についても保証の範囲に含める必要があるのに対し、貸金等根保証契約においてはそのような考慮をする必要がないと考えられたためです。

(6) 元本確定期日（民法465の３）

個人貸金等根保証契約では、根保証契約の元本確定期日を定めるときは５年を上限として書面又は電磁的記録により定めなければ無効とされます。この期間の定めがないときには保証契約締結日から３年後の日が元本確定期日となります。元本確定期日が経過すると、元本確定事由が生じていなくとも元本が確定して、保証人の責任の範囲が定まることになります。元本確定期日を延長することは可能ですが、延長も５年ごとに行う必要があります。

類似の担保制度である根抵当では、根抵当権の設定から３年を経過すれば根抵当権設定者は、いつでも元本確定請求を行うことができます（民法398の19①）。しかし、根保証人にはこの元本確定請求権が認められていないと解されるため、個人貸金等根保証契約では保証責任の負担が不当に長期間とならないよう一定の制限を設けているものです。なお、一定期間の経過とは別に、信頼関係が害される相当の理由があるときや客観的事情の変化がある場合には、根保証人に特別解約権が認められる可能性があります（大判昭和７年12月17日大民集11巻2334頁、大判昭和９年２月27日大民集13巻215頁）。

(7) 主債務の履行状況の情報提供義務（民法458の２）

前述の「1．個人根保証契約（6）主債務の履行状況の情報提供義務」と同様です。

(8) 期限の利益喪失の情報提供義務（民法458の３）

前述の「1．個人根保証契約（7）期限の利益喪失の情報提供義務」と同様です。

3．事業目的債務個人根保証契約

(1) 概要

事業のために負担する債務は多額になりがちであるところ、個人根保証契約であって主債務の範囲に事業のために負担する債務（事業目的債務）が含まれる場合には、保証人に対して保証契約締結時に適切な情報提供がなされていなかった場合には取消権が付与されることがあるものとして、追加的な規制がされています。なお、事業目的債務といえるかは、主債務の性質に基づいて客観的に認定されるところ、主債務の範囲に買掛金等の類型的に事業目的と考えられる債務が含まれている場合には原則として事業目的債務と認定されるものと思われます。

(2) 書面契約（民法446②）

前述の「１．個人根保証契約（2）書面契約」と同様です。

(3) 主債務の範囲（民法465の２）

前述の「１．個人根保証契約（3）主債務の範囲」と同様です。

(4) 極度額の定め（民法465の２）

前述の「１．個人根保証契約（4）極度額の定め」と同様です。

(5) 元本確定事由（民法465の４①）

前述の「１．個人根保証契約（5）元本確定事由」と同様です。

(6) 契約締結時の情報提供義務（民法465の10）

保証人が保証をするかどうかを判断するにあたり、主債務者が返済することができるかどうかに関する情報が重要と考えられることから、保証を委託する主債務者には、保証人に判断の基盤を提供するため、次の事項にかかる情報提供義務が定められています。

①　財産及び収支の状況

②　主たる債務以外に負担している債務の有無並びにその額及び履行状況

③　主たる債務の担保として他に提供し、又は提供しようとするものがあるときは、その旨及びその内容

この情報提供としては、主債務者が法人なら貸借対照表と損益計算書を提供するほか、貸借対照表及び損益計算書の作成時点からの状況変化並びに債務の履行遅滞の有無を申告し、抵当権を設定しようとする不動産の所在情報や他の保証人の情報を提供することが考えられます。主債務者が個人事業主なら、貸借対照表と損益計算書は、確定申告書と財産債務調書でもって代えることが考えられます。

主債務者が、保証人に対し、この情報を提供せず、又は、事実と異

なる情報を提供するような情報提供義務違反があった場合、当該情報提供義務違反によって保証人が当該事項にかかる事実を誤認し、その誤認をしたことによって保証契約を締結したというとき、主債務者に情報提供義務違反があったことを債権者が知ることができたとされると、保証人は保証契約を取り消すことができるものとされています。このような情報提供義務違反が争いとなった場合には、情報提供義務違反の有無、保証人の事実誤認の有無、情報提供義務違反と事実誤認との因果関係、事実誤認と保証契約締結との因果関係といった部分が問題となり、細かな検討が必要となります。そのため、まず情報提供義務違反の疑いを生じさせないことが重要です。

保証人に対する説明の主体は主債務者とされていますが、債権者は、保証人に適切な説明をしたと主債務者から聞いていたとしても、主債務者の確認が虚偽であれば結局保証契約が取り消されてしまうことになります。そのため、保証を求める債権者の立場としては、現実に説明がなされたかどうかを確認するため、説明の場に立ち会い、説明すべき事項を具体的かつ簡潔に明記した書面に保証人の署名押印を求める対応が望ましいといえます。また、主債務者が第三者に対して多額の債務を負担していることを説明せずに隠していた場合でも、債権者においてそのような債務を知ることができたときは、やはり保証契約が取り消される可能性があるため、債権者において把握している主債務者の所有不動産に抵当権が設定されていないかなど合理的な範囲で調査することが望ましいといえます。

なお、保証人が、主債務者たる法人の代表取締役であるような場合には、十分な情報を当初から有していることが想定されるため、改めての資料提示を行わずとも、そのような身分関係にあって十分な情報を有していることのみ確認すれば足りると解されます。

(7) 主債務の履行状況の情報提供義務（民法458の2）

前述の「1．個人根保証契約（6）主債務の履行状況の情報提供義務」と同様です。

(8) 期限の利益喪失の情報提供義務（民法458の3）

前述の「1．個人根保証契約（7）期限の利益喪失の情報提供義務」と同様です。

4．事業目的貸金等債務個人根保証契約

(1) 概要

事業目的の融資は特に多額になりがちなところ、当該事業に経営責任を負わず、当該事業から利益を得るわけでもなく、主債務者の事業リスクも十分認識していない第三者が個人的情誼によって保証人となっていたことにより、事業が失敗した場合に社会的経済的に重い負担を強いられてしまうことについて社会問題としての意識が強いことから追加的な規制がなされています。すなわち、主債務の範囲に事業目的の融資が含まれる個人根保証は、一定の例外要件を満たすものを除き、原則として無効とする追加的な規制がされています（民法465の6①)。

なお、事業目的の融資といえるかは、融資資金の使途など、債権者と主債務者との間で貸付等の基礎とされた事情に基づいて客観的に認定されます。融資資金の使途を定めず、事業目的に使用することも排除されていない場合は、事業目的も含まれるとして事業目的貸金等債務個人根保証契約と認定される可能性があるため、融資の際に事業目的に使用することを禁止する条項を定めるか、事業目的貸金等債務個人根保証契約を有効とする例外要件を充足させるか、注意が必要とな

ります。

(2) 書面契約（民法446②)

前述の「1．個人根保証契約（2）書面契約」と同様です。

(3) 主債務の範囲（民法465の２)

前述の「1．個人根保証契約（3）主債務の範囲」と同様です。

(4) 極度額の定め（民法465の２)

前述の「1．個人根保証契約（4）極度額の定め」と同様です。

(5) 元本確定事由（民法465の４①②)

前述の「2．個人貸金等根保証契約（5）元本確定事由」と同様です。

(6) 元本確定期日（民法465の３)

前述の「2．個人貸金等根保証契約（6）元本確定期日」と同様です。

(7) 契約締結時の情報提供義務（民法465の10)

前述の「3．事業目的債務個人根保証契約（6）契約締結時の情報提供義務」と同様です。

(8) 例外１：経営者保証の場合（民法465の９)

主債務者の事業について、保証人が主債務者と共同して経営責任を負う者である場合や、当該事業から利益を得る者である場合には、当該事業から生じるリスクを負担させても過酷とはいえないため、保証人が次のいずれかに該当する場合には、事業目的貸金等債務個人根保証契約も有効となります。

①　主債務者が法人である場合

ア　主債務者の理事、取締役、執行役又はこれらに準ずる者

イ　主債務者の総株主の議決権の過半数を有する者

ウ　主債務者の親会社の総株主の議決権の過半数を有する者

エ　主債務者の総株主の議決権の過半数を、自己及び自己が総株主の議決権の過半数を有する株式会社により有する者

オ　主債務者が株式会社以外の法人である場合におけるイ、ウ、エに準ずる者

②　主債務者が個人である場合

ア　主債務者と共同して事業を行う者

イ　主債務者が行う事業に現に従事している主債務者の配偶者

ただし、前述の②イで配偶者による事業目的貸金等債務個人根保証契約を認めたことには批判もあり、「事業に現に従事している」との要件を共同事業者といえる場合など厳格に解釈すべきとの議論があるほか、そもそも保証契約に際して一時的に事業に従事した場合や書類上のみで実態がない場合には要件に該当しないと解されるため、債権者の立場では主債務者の配偶者による保証以外の担保によることも検討することが望ましいといえます。また、主債務者が個人事業主である場合、その後継者となる予定の子なども、現に主債務者と共同して事業を行っているといえなければ、事業目的貸金等債務個人根保証契約を行うことができないことになるため、注意が必要です。

なお、債権者の属性によっては、民法とは別途、「経営者保証に関するガイドライン」が参照されることがあります。

(9) 例外２：保証意思宣明公正証書作成の場合（民法465の６～465の８）

前述（8）の経営者保証に該当しない第三者が保証人となる場合には、原則として事業目的貸金等債務個人根保証契約は無効とされます。しかし、主債務の範囲や主債務の元本及び利息等の全額について保証債務を履行する意思があることなど法定の内容を明記した公正証書（保証意思宣明公正証書）を、当該根保証契約締結日前１か月以内

に作成していた場合に限り、経営者保証に該当しない第三者による事業目的貸金等債務個人根保証契約も有効となるものとされています。この保証意思宣明公正証書は、保証人となろうとする者が公証人に口授することによって作成されなければならないため、代理人によって手続することはできないと解され、保証人となろうとする者本人が保証債務の内容を説明できる程度に理解していることが確認されることになります。通達においても公証人は保証人となろうとする者の意思確認を丁寧に行うべきものとされますので、債権者の立場でも保証人となろうとする者が真に内容を理解できるような説明を行っておくべきものといえます。

このように経営者保証以外の場合でも個人貸金等根保証契約を締結できることとしたのは、起業支援目的の第三者などが、十分にリスクを理解して真意に基づいて保証人となる余地を残すことが社会経済的に有用な場合があるためです。保証意思宣明公正証書の書式は日本公証人連合会がホームページで公開しています。なお、保証意思宣明公正証書に強制執行認諾文言（民事執行法22五）を付することはできない一方、その後に締結する保証契約そのものを公正証書で作成する際に強制執行認諾文言を付することはできると解されています。

(10) 主債務の履行状況の情報提供義務（民法458の２）

前述の「１．個人根保証契約（6）主債務の履行状況の情報提供義務」と同様です。

(11) 期限の利益喪失の情報提供義務（民法458の３）

前述の「１．個人根保証契約（7）期限の利益喪失の情報提供義務」と同様です。

５．法人根保証契約

保証人が法人である場合には、根保証契約であっても、当該根保証契約の締結自体は、通常の保証契約についての法規制（民法446～465）と同様の規制を受けるにとどまります。そのため、「主債務者が将来負担する一切の債務」というように、主債務の範囲、主債務の発生期間、保証される金額の限度額を限定せず保証する包括根保証も保証人が法人であれば行うことができるということが原則です。

しかし、保証人が法人であるとしても無限責任を負わせることは相当でない場合があるとの考えもあり、判例においては、根保証契約に極度額の定めがない場合でも、債権者の融資内容、主債務者の通常の取引額、保証人と主債務者の関係、取引慣行などを総合考慮して、保証額が合理的範囲に限定されることがあります（大判大正15年12月２日大民集５巻769頁、最判平成６年12月６日判例時報1519号78頁）。

そのため、法人根保証の場合であっても、極度額の定めを置かないことでかえって想定外に保証額を引き下げられる可能性もあるため、一定の余裕を見て極度額を定めることなどを検討することが望ましいといえます。

６．保証人が法人である根保証契約にかかる求償債務の個人保証契約

前述の５．のとおり、保証人が法人である場合には、根保証契約であっても、当該根保証契約の締結自体は、通常の保証契約についての法規制（民法446～465）と同様の規制を受けるにとどまります。ただし、保証人が法人である根保証契約において保証人が主債務者に対し

て取得する求償権について、この求償権を改めて主債務とする第二の保証契約を個人（自然人）が保証人となって締結する場合には、当初の根保証契約に極度額の定めや元本確定期日の定めなどがなければ、第二の保証契約は無効となることとされています（民法465の５）。極度額のない根保証契約を法人が締結しつつ、その求償権を主債務として第二の保証契約を個人に締結させることで法規制を潜脱することを阻止するためです。また、同様に法規制の潜脱防止の趣旨から、主債務が事業目的貸金等債務である場合には、このような第二の保証契約について前述の「４．事業目的貸金等債務個人根保証契約」の（8）又は（9）による例外に該当しなければ無効となります（民法465の８、465の９）。

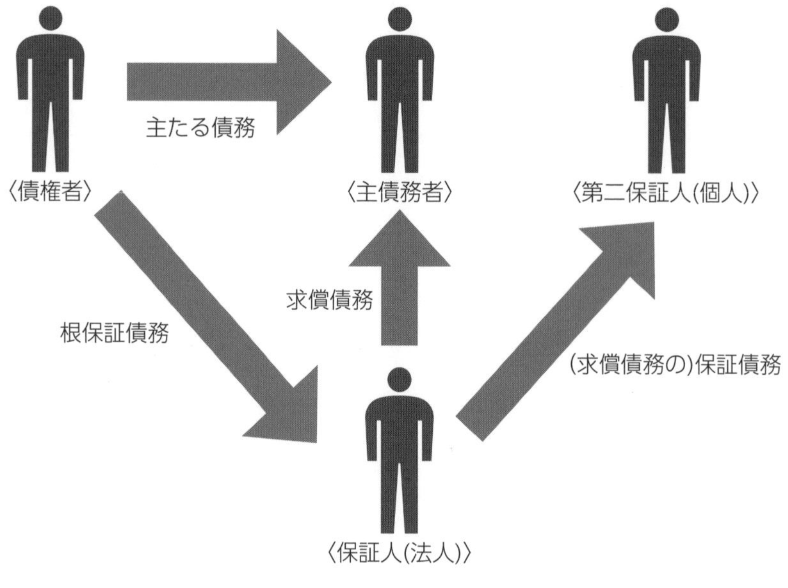

７．適用条文の概略

	個人根保証契約	個人貸金等根保証契約	事業目的債務個人根保証契約	事業目的貸金等債務個人根保証契約	法人根保証契約
書面契約（民法446②）	○（適用）	○	○	○	○
主債務の履行状況の情報提供義務（民法458の２）	○	○	○	○	○
期限の利益喪失の情報提供義務（民法458の３）	○	○	○	○	○
主債務の範囲の特定（民法465の２）	○	○	○	○	×（不適用）
極度額の定め（民法465の２）	○	○	○	○	×
元本確定事由（民法465の４①）	○	○	○	○	×
元本確定事由（民法465の４②）	×	○	×	○	×
元本確定期日（民法465の３）	×	○	×	○	×

	個人根保証契約	個人貸金等根保証契約	事業目的債務個人根保証契約	事業目的貸金等債務個人根保証契約	法人根保証契約
契約締結時の情報提供義務（民法465の10）	×	×	○	○	×
	-	-	-	契約締結自体が原則禁止。経営者保証（民法465の９）又は保証意思宣明公正証書（民法465の６～465の８）の場合に限り、契約締結可能。	-

Q29 共同保証

共同保証とは何でしょうか。通常の保証との違いを教えてください。

A29

①共同保証とは、一つの主債務に対して、複数人が保証債務を負担することをいいます。
②共同保証の場合において、保証人のうちの１人が保証債務を全部履行した場合、その保証人は、主債務者に対して全額の求償請求をできるほか、求償請求の一部については他の共同保証人に対してできる場合もあります。
③共同保証の複数の保証人は、必ずしも、自分以外に保証人がいることを知っているとは限りません。
④共同保証では、各保証人について単純保証と連帯保証のどちらなのか、また、各保証人間で各保証人が全額を弁済すべき旨の保証連帯の特約（分別の利益の放棄）があるかどうかによって、取扱いに差異があります。

解説

１．共同保証の意義

共同保証とは、一つの主債務に対して、複数人が保証債務を負担することをいいます。すなわち、保証人が複数存在していることになります。

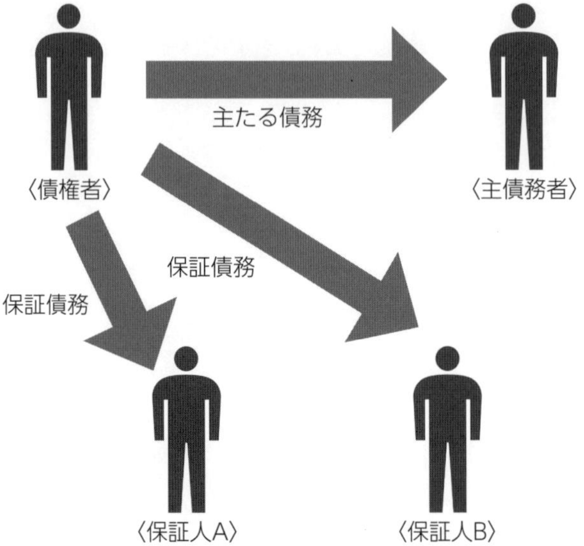

この複数の保証人は、債権者との間で同時に保証契約を締結することもありますし、別々の時点で保証契約を締結することもありますが、どちらの場合でも共同保証といいます。つまり、当初は保証人が１人しかいなかったところに、新たな保証人が追加されて共同保証になるということもあり得ます。

実務的には、保証人が１人の場合と共同保証の場合を問わず、保証人はすべて連帯保証人とすることが通例です。もっとも、理論的には、共同保証人の全員が連帯保証人の場合のほかにも、共同保証人の全員が単純保証人の場合や、共同保証人の中に単純保証人と連帯保証人が混在しているという場合もあり得ます。

２．全員が単純保証人の共同保証

(1) 催告の抗弁権と検索の抗弁権

単純保証の共同保証人には、保証人が１人である場合と同様、保証人に催告の抗弁権（民法452）や検索の抗弁権（民法453）があります（Q14の解説１．）。

(2) 分別の利益

単純保証の共同保証人には、さらに分別の利益（民法456、427）が認められます（大判大正７年２月５日民録24輯136頁）。ただし、主債務が不可分債務（例：所有権移転義務）のときには分別の利益は認められません。

共同保証人にとっての分別の利益とは、共同保証人間で保証債務の負担を分割することです。この分別の利益が認められるときには、共同保証の各保証人が負担する保証債務の金額は、主債務の金額を共同保証人の人数で按分した金額になります。つまり、主債務が600万円であるとき、共同保証人が２人なら各保証人は300万円の保証債務を弁済すれば足り、共同保証人が３人なら各保証人は200万円の保証債務を弁済すれば足りることになります。

(3) 分別の利益から生じる注意点

債権者の立場からは、単純保証の保証人を安易に増やしてしまうと、保証債務を履行請求する際に、履行請求の相手方が増えて手間がかかることになるほか、保証人の中に無資力の者が含まれてしまうと、保証人が少ない場合よりも回収可能な債権額が減少してしまうこともおこり得ることになります。

すなわち、主債務額が200万円のとき、資力が十分な単純保証の保証人Ａが１人だけ存在する場合であれば保証人Ａから200万円を全額回収することができますが、ここに単純保証の保証人Ｂを追加して共同保証にしたとすると、分別の利益により保証人Ａと保証人Ｂの負担額は各100万円になりますので、保証人Ｂが無資力であった場合には､回収できるのは保証人Ａからの100万円のみとなってしまいます。そのため、実務的に通例であるように、債権者の立場からは、保証人を求める際、特に複数の保証人を求める際には、単純保証ではなく連帯保証とするべきことになります。

(4) 求償関係

単純保証の共同保証人は、保証人が１人である場合と同様、自己の負担額について保証債務を履行したときは、その弁済額について主債務者に求償権を行使することができます。自己の負担額の範囲内で保証債務を履行する限りでは、他の共同保証人との求償関係は発生しません。

また、単純保証の共同保証人は、分別の利益を放棄して自己の負担額以上の保証債務を履行したときは、自己の負担額を超えて履行した部分について、他の共同保証人に対してその負担額の範囲で求償権を行使することができます（民法465②、462)。

ただし、単純保証の共同保証人は、他の共同保証人との関係において、無断で第三者弁済を行ったのと類似であり、主債務者から委託を受けずに保証した保証人に準じて扱われます。

すなわち、保証債務を履行した共同保証人は、他の共同保証人に対しては、当該他の共同保証人が利益を受けた限度でしか求償権を行使できず、当該他の共同保証人が債権者に対して相殺の抗弁権が付随した債権を有していた場合には、債権者に対して当該他の共同保証人の債権を行使して回収しなければ求償権の全額を回収できないことがあります（民法465②、462)。

さらに、この求償権は、主債務の履行期以降でなければ行使できないため、主債務の履行期前に保証債務を履行した場合でも、保証債務を履行した日から主債務の履行期までの間の法定利息等は含まないことになります（民法465②、462①③、459の２①③）。

(5) 各求償権の消滅時効

共同保証において、保証人の１人が保証債務を全額履行した場合、その保証人は、主債務者に対する求償権と、他の保証人に対する求償権を取得しますが、それぞれの求償権の消滅時効は独立に進行するため、一方の求償権に時効の更新（中断）が生じたとしても、他方の求償権には時効の更新（中断）の効力が及びません（最判平成27年11月19日民集69巻７号1988頁）。

3．全員が連帯保証人の共同保証

(1) 催告の抗弁権と検索の抗弁権がないこと

連帯保証の共同保証人は、保証人が１人である場合と同様、保証人に催告の抗弁権（民法452）や検索の抗弁権（民法453）は認められません（民法454）。

(2) 分別の利益がないこと

連帯保証の共同保証人は、連帯保証は共同保証であったとしても１人で主債務全額の弁済義務を負担する趣旨であると解され、単純保証の共同保証人と異なり、分別の利益もないとされています（大判明治39年12月20日民録12輯1676頁、大判大正６年４月28日民録23輯812頁、大判大正８年11月13日民録25輯2005頁）。

そのため、債権者としては、主債務者はもちろん、連帯保証の共同保証人のうち誰に対しても、主債務全額の履行を請求できます。

(3) 求償関係

連帯保証の共同保証人は、保証人が１人である場合と同様、保証債務を履行したときは、その弁済額について主債務者に求償権を行使することができます。

また、連帯保証の共同保証人は、自己の負担額以上の保証債務を履行したときは、自己の負担額を超えて履行した部分について、他の共同保証人に対してその負担額の範囲で求償権を行使することができます（民法465①、442①）。

連帯保証の共同保証人は、他の共同保証人との関係において連帯債務者と類似であり、これに準じて扱われます。

すなわち、連帯保証の共同保証人は、他の共同保証人があることを知りながら、当該他の共同保証人に通知しないで弁済したときは、当該他の共同保証人が債権者に対して有していた債権に基づく抗弁権によって求償を拒絶されることがあり、拒絶された場合には、債権者に対して当該他の共同保証人の債権を行使して回収しなければ求償権の全額を回収できないことがあります（民法465①、443①）。

この求償権には、保証債務を履行した日以降の法定利息等が含まれます（民法465①、442②）。

また、連帯保証の共同保証人は、他の共同保証人の中に無資力者がいたときは、当該無資力者の負担額を資力のある共同保証人で頭割りした金額だけ自己の負担額が増えることになります（民法465①、444）。

(4) 各求償権の消滅時効

共同保証において、保証人の１人が保証債務を全額履行した場合の主債務者に対する求償権と、他の保証人に対する求償権の消滅時効については、上記２．(5) のとおりです。

(5) 保証の免除と求償権

債権者が、連帯保証の共同保証人の１人に保証債務を免除した場合について、改正前の民法では、特段の合意がない限り、債権者と他の共同保証人との関係で保証債務が減額されるわけではないものとされていました（最判昭和43年11月15日民集22巻12号2649頁）。この点、学説からの批判もありましたが、現時点では、改正後の民法でも取扱いが維持されているものと考えられます。

４．単純保証人と連帯保証人の共同保証

(1) 催告の抗弁権と検索の抗弁権

共同保証人の中に、単純保証人と、連帯保証人がいる場合、そのうちの単純保証人には催告の抗弁権（民法452）と検索の抗弁権（民法453）が認められ、連帯保証人にはこれが認められません。

(2) 分別の利益

共同保証人の中に、単純保証人と、連帯保証人がいる場合、主債務が不可分債務でないことを前提に、そのうちの単純保証人には分別の利益（民法456、427）が認められ、連帯保証人にはこれが認められません。

そのため、主債務が600万円のとき、連帯保証人Ａと単純保証人Ｂがいるとすると、連帯保証人Ａは600万円の保証債務を弁済しなければなりませんが、単純保証人Ｂは300万円の保証債務を弁済すれば足りることになります。

また、仮に主債務が600万円のとき、連帯保証人Ａと単純保証人Ｂと単純保証人Ｃがいるとすると、連帯保証人Ａは600万円の保証債務を弁済しなければなりませんが、単純保証人Ｂと単純保証人Ｃはそれ

ぞれ200万円ずつ保証債務を弁済すれば足りることになります。

5．単純保証で保証連帯特約のある共同保証

(1) 保証連帯の意義

保証連帯とは、共同保証人間において、各保証人が全額を弁済すべき旨の特約がある場合をいいます。

(2) 催告の抗弁権と検索の抗弁権

保証連帯特約がある場合でも、単純保証人であれば催告の抗弁権（民法452）と検索の抗弁権（民法453）が認められます。この点で、保証連帯特約がある単純保証人が共同保証人の場合と、連帯保証人が共同保証人の場合とに相違があることになります。

(3) 分別の利益がないこと

保証連帯特約は分別の利益（民法456、427）を放棄する特約ですので、保証連帯特約を締結した共同保証人は、単純保証人であっても主債務の全額を弁済すべきことになります。この点では、保証連帯特約がある単純保証人が共同保証人の場合と、連帯保証人が共同保証人の場合とで同じ扱いになります。

(4) 求償関係

保証連帯特約がある場合の求償関係は、上記３.(3) と同様です。

６．適用条文の概略

	全員が単純保証人（非保証連帯）	全員が連帯保証人	単純保証人と連帯保証人が混在	全員が単純保証人で保証連帯特約
検索の抗弁権	○	×	単純保証人は○ 連帯保証人は×	○
催告の抗弁権	○	×	単純保証人は○ 連帯保証人は×	○
分別の利益	○	×	単純保証人は○ 連帯保証人は×	×
保証人間の求償関係	求償権に制限が多い（民法465②、462）	求償権に制限が少ない（民法465①、442～444）	−	求償権に制限が少ない（民法465①、442～444）

Q30 賃貸借に伴う保証

当社は不動産賃貸業を営んでいますが、物件を貸すときには保証人からの署名押印をもらっています。民法改正があり、保証に関するルールが変わったと聞きましたが、どのように変わったか教えてください。

A30

①継続的な賃料債務を保証する契約は根保証契約に当たります。

②改正前の民法では、根保証契約の場合でも、一般の保証契約と異なる民法の定めが適用されるのは、主債務の範囲に貸金等債務が含まれる根保証契約を、個人が保証人となって締結する場合に限られていたため、通常の不動産賃貸借に際して行われる保証契約に追加的な規制が適用されることはありませんでした。

③改正後の民法では、個人が保証人となって締結する根保証契約でさえあれば、書面又は電磁的記録により極度額を定めなければ、無効となるなどの規制がされたため、不動産賃貸に際して保証契約を締結する際にも注意が必要となります。

④そのほか、借主の不動産の用途が事業目的といえる場合など、類型に応じて改正後の民法では規定が複雑になっているため確認が必要です。

解説

１．不動産賃貸借における保証の意義

不動産賃貸借において保証人を立てる場合、一般的には賃借人が負担する賃料債務及び賃貸目的物の損傷等による損害賠償債務等を保証する保証契約が締結されますが、これは継続的に発生する不特定の債務を保証するものとして根保証契約となります。理論的には、更新のない３年間の不動産賃貸借契約において、月額10万円の賃料債務のみを３年分保証するという内容であれば、元本が360万円と明確である将来の賃料債務を保証するものとして、根保証契約ではない一般の保証契約とも解釈できますが、こういったケースは稀と思われます。

改正前の民法では、根保証契約でも、保証人が個人であって、主債務の範囲に貸金等債務が含まれなければ、追加的な規制はされていなかったため、不動産賃貸借契約での保証が根保証契約であることに特に注意はしていなかったことが多いと思われます。

しかし、改正後の民法では、根保証契約で保証人が個人である場合一般に追加的な規制がされることとなったため、今後は注意が必要となります。

なお、不動産投資における「家賃保証」などは、不動産オーナーがサブリース会社と締結するサブリース契約などを指す言葉であって、民法の保証契約とは異なるものです。

２．不動産賃貸借の保証人が個人である場合

(1) 個人根保証契約としての法規制

不動産賃貸借における保証契約は、多くの場合、根保証契約と解さ

れるところ、前述（Q28の解説１.）のように、保証人が個人である根保証契約では、一般の保証契約と同様に書面又は電磁的記録により契約しなければならないのはもちろん、保証の対象とする主債務の範囲を定め、極度額も具体的に特定しなければなりません。

主債務の範囲の定め方としては、「A（賃貸人）及びB（賃借人）が令和４年10月10日付けで締結した賃貸借契約に基づいてBが負担する債務を保証する」とか、不動産賃貸借契約書の中に保証契約も記載する場合に「本契約から生じる賃借人の債務を保証する」といった記載が考えられます。

極度額は具体的に「500万円」などと定めることが適切です。仮に極度額を「賃料の６か月分」などと定めた場合、契約書中に賃料が月額20万円と記載されていることと併せて極度額120万円と定めているものとして有効と判断される可能性もありますが、一般的に、賃料は変更されることもあるところ、特に現実に賃料が変更された場合には、極度額が変更前と変更後のどちらの賃料に基づいて決定されるか明確でなくなってしまい、極度額が定められていないものとして根保証契約が無効と判断される可能性もあります。そのため、当初契約時に賃料月額20万円で極度額を賃料の６か月分としたい場合には「極度額120万円」と明記することが適切です。

(2) 保証人の死亡による元本確定（民法465の４①三）

不動産賃貸借における保証契約は多くの場合、根保証契約と解されるところ、個人根保証契約では、保証人の死亡によって元本が確定（Q27の解説２.）します。この保証人の死亡時点で生じていた未払賃料債務等は確定した元本として、これに対する保証債務が相続債務となり、保証人の相続人へ相続されます。しかし、保証人の死亡後に生じた未払賃料等については、保証人の相続人が保証債務を負うわけではありません。この点、改正前民法では、不動産賃貸借の保証人が死亡した場合に、相続人は保証人の死亡後に生じた賃料債務についても保証債務を負うとされていたこと（大判昭和９年１月30日大民集13巻103頁、東京地判平成22年１月28日判例集未登載）が変更されることになります。

(3) 賃借人の死亡による元本確定（民法465の４①三）

不動産賃貸借における保証契約は多くの場合、根保証契約と解されるところ、個人根保証契約では、主債務者たる賃借人の死亡によっても元本が確定します。賃貸借契約の定めにもよりますが、個人である賃借人が死亡した場合、賃借人の地位はその相続人に相続されるところ、元の賃借人を主債務者として締結された根保証契約は、主債務者の死亡によって元本が確定するため、元の賃借人の相続人を賃借人とする賃貸借契約から生じる債務については、保証人が保証債務を負うわけではありません。この点、改正前民法では、不動産賃貸借の賃借人が死亡した場合に、保証人は、賃借人の死亡後も賃貸借契約が解除されるまでに発生する賃料債務に保証債務を負うとされていたこと（東京地判平成22年10月25日判例集未登載）が変更される可能性があります。なお、原状回復義務も改正前民法では保証債務の範囲に含まれることが自明視されていましたが（同東京地判平成22年10月25日）、賃借人の死亡により元本確定した時点では、依然として賃借人の相続人との間で賃貸借契約が存続しているため原状回復義務も発生していないとして、保証の範囲から除外されることになるか検討が必要です。

賃貸人の立場からは、このように賃借人の死亡によって、根保証契約の担保がない賃貸借契約が存続することを避けるためには、賃貸借契約の締結時に賃借人の死亡を賃貸借契約の終了事由として定めておくことも検討されますが、借地借家法による賃借人保護が及ぶ可能性もあるため、当初から賃借人の地位を引き継ぐことが見込まれる同居人等との関係でも保証を求めることが考えられます。

建物賃貸借契約の賃借人が自殺した場合に、当該不動産が事故物件となって経済的価値が低下することがあります。このようなケースにおいて、契約条項により、又は、用法遵守義務違反により、契約違反と解釈できる場合や、自殺自体が賃貸人に対する不法行為と解釈できる場合には、賃借人（又はその相続人）に損害賠償債務が発生する可能性があります。この建物賃貸借契約について損害賠償債務を主債務の範囲に含む根保証契約が締結されていたとき、賃借人の死亡によって元本が確定することになりますが、自殺自体により損害賠償債務が発生している場合には、元本確定時にすでに損害賠償債務も発生しているものとして、当該損害賠償債務についても保証人は保証責任を負うものと解されます。無断転貸の居住者が自殺した事案であり、賃借人が死亡した事案ではありませんが、自殺による経済的価値の低下についての損害賠償請求と保証債務履行請求を認めた裁判例があります（東京地判平成22年９月２日判例時報2093号87頁）。

(4) 不動産賃貸借契約の更新

借地借家法により賃貸借契約の更新が原則とされている場合、賃借人の債務を保証した者は、特段の事情のない限り、更新後の賃貸借契約から生じる賃借人の債務についても保証したものと解されています（最判平成９年11月13日判例時報1633号81頁）。

もっとも、特段の構造物のないいわゆる青空駐車場の賃貸借契約など、借地借家法の適用がない不動産賃貸借契約に期間の定めがある場合においては、一般論としては契約が更新されて期間が延長されても、保証契約は当然には延長されません。延長後にも保証を継続させるには、新たに保証契約を締結しなおすか、当初の保証契約において賃貸借契約更新の場合には当然に保証契約も更新されるものと定めておくことが考えられます。

(5) 賃料不払い放置の場合における保証人の一部免責

賃借人が長期間にわたって賃料不払いを継続しているにもかかわらず、賃貸人が賃貸借契約の解除を行わず、漫然と更新を続け、保証人に連絡もしていないような場合には、賃貸人が保証債務をいたずらに増加させたうえで保証人に保証債務履行請求をすることは信義則違反又は権利濫用であるとして、保証債務の範囲が縮小されることがあります（東京高判平成25年４月24日判例タイムズ1412号142頁、東京地判平成25年６月14日判例集未登載）。

(6) 事業目的の不動産賃貸借

主債務者たる賃借人が事業に利用する目的で不動産を賃借している場合には、当該不動産賃貸借契約から生じる賃料その他の債務は事業のために負担する債務に該当するものと解され、この債務を個人が保証する場合には、個人根保証契約としての規制のほか、事業目的債務個人根保証契約として契約締結時の情報提供にかかる法規制（民法465の10）がされるため、注意が必要です。詳細は前述（Q28の解説３．）のとおりです。

(7) 貸金等が主債務の範囲に含まれる不動産賃貸借

あまり多くないと思われますが、情緒的な人間関係があることなどにより大家が入居者にお金を貸している場合などで、保証の対象となる主債務の範囲に賃料債務等のほか貸金等債務を含めてしまうと、その根保証契約は個人貸金等根保証契約となって元本確定期日が最大５年とされ（民法465の３）、根保証契約の内容が、継続的に存続することが想定される不動産賃貸借契約に適合的でないこととなるほか、法定の元本確定事由が追加されます（民法465の４②)。また、これに加えて不動産賃貸借が事業目的である場合には根保証契約の締結にあたって保証意思宣明公正証書の作成が問題となり得ます（民法465の６～465の９)。そのため、不動産賃貸借に付随して融資が問題になるようなときは、安易に一つの根保証契約の中に定めることは避け、不動産賃貸借にかかる根保証契約と、融資にかかる保証契約又は根保証契約は別個の契約として締結すべきものといえます。詳細は前述（Q28の解説２.、４.）のとおりです。

３．不動産賃貸借の保証人が法人である場合

不動産賃貸借における保証人が、いわゆる家賃保証会社である場合や、賃借人たる会社の親子会社である場合など、保証人が個人ではない場合には、個人根保証契約に関する条文の適用はなく、保証契約を書面又は電磁的記録により締結するなど一般の保証契約に即した手続により行うことで足ります。

また、賃借人の死亡（民法465の４①三）も元本確定事由となりませんので、賃貸人の立場からは安心できるともいえます。

賃貸人が賃借人の賃料不払いを長期間漫然と放置したような場合に、保証人の責任が一部免責されることは（前述の２．(5))、保証人が個人の場合と同様と考えられます。

一般的ではないと思われますが、不動産賃貸借における保証人が法人である場合に、保証人の求償権についてさらに個人保証人をつける場合には、当該個人保証について個人根保証契約に関する規制が一定範囲で及びますので注意が必要です（民法465の５、465の８)。

４．サンプル

賃貸借契約書における連帯保証条項の記載例を示します。

建物賃貸借契約書

（略）

第●条　丙（連帯保証人）は、乙（賃借人）と連帯して、本契約から生じる乙（賃借人）の債務を負担するものとする。本契約が更新された場合においても、同様とする。

2　前項の丙（連帯保証人）の負担は、金300万円の極度額を限度とする。

3　丙（連帯保証人）が負担する債務の元本は、乙（賃借人）又は丙（連帯保証人）が死亡したときに、確定するものとする。

4　丙（連帯保証人）の請求があったときは、甲（賃貸人）は、丙（連帯保証人）に対し、遅滞なく、賃料及び共益費等の支払状況や滞納金の額、損害賠償の額等、乙（賃借人）の全ての債務の額等に関する情報を提供しなければならない。

5　甲（賃貸人）が丙（連帯保証人）を連帯保証人として不適格と認めたときは、乙（賃借人）は直ちに、甲（賃貸人）が適切と認める他の連帯保証人を選定しなければならない。

Q31 雇用契約に伴う保証

当社では、新入社員を採用する際に、新入社員が何か問題をおこした場合に備えて保証人を立ててもらっています。民法改正があり、保証に関するルールが変わったと聞きましたが、どのように変わったか教えてください。

A31

①従業員の雇用によって使用者に生じた損害の担保を目的としたいわゆる身元保証は、その性質によって根保証契約に当たる場合があります。

②改正前の民法では、根保証の場合でも、一般の保証契約と異なる民法の定めが適用されるのは、主債務の範囲に貸金等債務が含まれる根保証契約を、個人が保証人となって締結する場合に限られていたため、通常の身元保証契約に民法の特別な規定が適用されることはありませんでした。

③改正後の民法では、個人が保証人となって締結する根保証契約でさえあれば、書面又は電磁的記録により極度額を定めなければ、無効となるものとされたため、身元保証契約を締結する際にも注意が必要となります。

④根保証契約に当たらない場合の身元保証契約であっても、根保証契約の定めが類推適用される可能性もあるため注意が必要です。

解説

１．雇用における保証（身元保証）の意義

雇用契約の締結にあたって、又は、雇用契約締結後に、従業員の雇い入れによって使用者に生じた損害の担保を目的とした保証が行われることがあり、これは身元保証と呼ばれます。

主債務者たる従業員が使用者に対して負う損害賠償債務は、不特定の債務となるため、これを保証する身元保証は根保証契約となり、身元保証人が個人であれば個人根保証契約としての法規制を受けます。

理論上、身元保証は、民法上の保証契約の性質を有するものと、損害担保契約の性質を有するものと２つに分けられますが、身元保証が無効となることを避ける観点からは、保証人が個人の場合には、個人根保証契約としての法規制を受けることを前提に身元保証契約を締結することが適切です。この理論上の区別は下記（解説４.）で後述します。

なお、身元保証は、民法とは別途、身元保証ニ関スル法律（身元保証法）の適用を受けます。

２．身元保証人が個人である場合

(1) 個人根保証契約としての法規制

前述（Q28の解説１.）のように、保証人が個人である根保証契約では、一般の保証契約と同様に書面又は電磁的記録により契約しなければならないのはもちろん、保証の対象とする主債務の範囲を定め、極度額も具体的に特定しなければなりません。

身元保証契約の場合、主債務の範囲の定め方としては、「Ａ（従業

員）がＢ（使用者）に雇用されるにあたり、Ａの雇用契約に基づく行為によってＢの受けた損害を賠償する責任を負う」といった記載が考えられます。極度額を具体的に特定していない場合には、根保証契約としての身元保証契約は無効になります（民法465の２②）。

極度額は具体的に「500万円」などと定めることが適切です。

(2) 身元保証契約の存続期間（身元保証法１、２）

身元保証契約の期間は５年を超えることができないものとされ、それ以上の期間を定めても５年に短縮されます。期間の定めのない身元保証契約の存続期間は３年（商工業見習者の場合は５年）となります。身元保証契約の更新時においても存続期間は最大５年とされるほか、身元保証契約を自動更新とする特約は無効と解されます（札幌高判昭和52年８月24日判例タイムズ361号265頁）。身元保証人は、この存続期間内に発生した使用者の損害について責任を負うことになります。

そのため、使用者は、当初の存続期間を超えて身元保証を必要とする場合には、存続期間満了のたびに身元保証人と身元保証契約を締結しなおす必要があります。

(3) 身元保証人の死亡による元本確定（民法465の４①三）

個人根保証契約では、保証人の死亡によって元本が確定（Q27の解説２.）します。この身元保証人の死亡時点で生じていた損害賠償債務等は確定した元本として、これに対する保証債務が相続債務となり、身元保証人の相続人へ相続されます。しかし、身元保証人の死亡後に生じた損害賠償債務等については、身元保証人の相続人が保証債務を負うわけではありません。

(4) 従業員の死亡による元本確定（民法465の４①三）

前述１．のように身元保証人が個人である身元保証契約は、個人根保証契約に適合した契約とすることが適切です。個人根保証契約では、主債務者の死亡によって元本が確定します。この主債務者たる従業員の死亡時点で生じていた損害賠償債務等は確定した元本として、これに対する保証債務について身元保証人は責任を負います。もっとも、従業員と使用者の間の雇用契約上の地位は、従業員の死亡によっても相続されないと解されるため、元本確定の有無にかかわらず、従業員の死亡後に新たな損害賠償債務等が発生することは観念しがたいところです。

(5) 使用者の通知義務と身元保証人の解約告知権（身元保証法３、４）

使用者は、従業員に業務上不適任若しくは不誠実な事跡があって、そのために身元保証人の責任を惹起するおそれがあることを知ったとき、又は、従業員の任務又は任地を変更したために身元保証人の責任を加重し、若しくはその監督を困難にさせるときは、遅滞なく身元保証人に通知しなければなりません。

この通知を受けた身元保証人は、将来に向かって身元保証契約を解除することができます。通知を受けずにその事実を知った身元保証人も同様です。この解除は、解除以前に発生していた損害賠償債務等の保証責任を免れるものではなく、当該損害賠償債務等を従業員が弁済できない場合には、身元保証人が弁済しなければならないため、実質的に元本確定と同趣旨です。

(6) 身元保証人の責任額の制限（身元保証法５）

裁判所は、身元保証人の損害賠償額を決定するにあたり、従業員の監督についての使用者の過失の程度、身元保証人が身元保証をするに至った事由、身元保証をする際に身元保証人が用いた注意の程度、従業員の任務や身上の変化、その他一切の事情を斟酌することができるものとされています。そのため、身元保証契約を締結していたからといって、使用者は被った損害の全額を必ずしも身元保証人に請求できるとは限らないことになります。

(7) 強行規定性（身元保証法６）

身元保証法の定めは強行規定とされ、特約によって排除することはできません。

(8) 事業目的の雇用契約

理論上は、主債務者たる従業員にとって雇用契約が事業目的となる場合、その雇用契約から生じる債務は事業のために負担する債務に該当し、この債務を個人が身元保証する場合には、個人根保証契約としての規制のほか、事業目的債務個人根保証契約として契約締結時の情報提供にかかる法規制（民法465の10）（Q28の解説３.）がされるという理屈になります。

しかし、使用者ではなく、従業員の立場で雇用契約が事業目的となることはあまり想定されません。

(9) 貸金等が主債務の範囲に含まれる身元保証

主債務者たる従業員に対して従業員貸付が行われる場合などで、身元保証の対象となる主債務の範囲に貸金等債務が含まれる場合、その根保証契約は個人貸金等根保証契約となって元本確定期日が最大５年とされます（民法465の３)。詳細は前述（Q28の解説２.）のとおりです。もっとも、この点は、前述（2）のように身元保証法（１条、２条）に類似の定めがあるため、民法改正による影響はあまりありません。その適用関係について、５年を超える身元保証期間を定めた場合に、期間の定めが５年となるのか、期間の定めがないものとして３年となるのか、また、商工業見習者について身元保証の期間の定めがないときに期間が３年となるのか５年となるのかといった、特別法である身元保証法を優先するか、後法である改正民法を優先するかといった疑問は残ります。このほか、法定の元本確定事由が追加されます（民法465の４②)。

あまり想定されませんが、これに加えて主債務者たる従業員にとって雇用契約が事業目的となる場合には根保証契約の締結にあたって保証意思宣明公正証書の作成が問題となり得ます（民法465の６～465の９)。詳細は前述（Q28の解説４.）のとおりです。

３．身元保証人が法人である場合

あまり多くないと思われますが、身元保証人が法人である場合、保証人が個人ではないため、個人根保証契約に関する条文の適用はなく、身元保証法に従うほか、保証契約を書面又は電磁的記録により締結するなど一般の保証契約に即した手続により行うことで足ります。

４．損害担保契約としての身元保証

理論上、身元保証は、従業員が使用者に損害賠償債務を負うことを前提とした民法上の保証契約の性質を有するものと、従業員が使用者に損害賠償債務を負うことを前提とせずに従業員を雇用することによって使用者が被った一切の損害を賠償することを内容とする損害担保契約の性質を有するものと２つに分けられます。

この相違は、雇用契約の不履行発生について従業員に帰責事由がない場合において、保証契約としての身元保証では従業員に損害賠償債務が生じないため身元保証人も保証債務を負担しないのに対し、損害担保契約としての身元保証では従業員が損害賠償債務を負うか否かにかかわらず身元保証人が損害賠償債務を負担するといった形で表れます。

損害担保契約としての身元保証の場合、主債務者たる従業員に損害賠償債務が存在することを前提としないため、民法上の保証契約とは理論的に異なるものと解されます。

しかし、身元保証人が個人であれば個人根保証契約としての法規制を類推適用すべきとの主張もあり、現に類推適用された場合には身元保証契約が無効となる可能性があるため、身元保証契約を締結しようとする場合には、いずれの性質の身元保証と整理するかにかかわらず、個人根保証契約に適合した契約とすることが望ましいといえます。

このほか、上記「2．(3) 身元保証人の死亡による元本確定」との関係で、損害担保契約としての身元保証に個人根保証契約の法規制（民法465の4①三）が類推適用されない場合でも、一般に身元保証契約は一身専属的な性質を有し、相続されないと解されているため（大判昭和2年7月4日大民集6巻436頁、大判昭和18年9月10日大民集22巻948頁）、身元保証人の死亡後に生じた損害賠償債務等は、身元保証人の相続人が保証債務を負うことはありません。

Q32 信用保証協会による保証

当社は金融機関からの借入れの際に信用保証協会を用いる予定です。何か気をつけるべき点はありますか。

A32

①金融機関からの借入れにおいて、主債務者たる会社の財務基盤が強固とはいえず、十分な担保を提供できない場合でも、信用保証協会から保証を受けることで融資を受けることが可能になることがあります。

②金融機関に対して借入金を弁済できない場合には、信用保証協会が保証契約に基づき金融機関に代位弁済（立替払）を行い、それ以降は信用保証協会に対して弁済を継続することになります。

③信用保証協会は、中小企業の金融円滑化等を目的とする公的機関であり、企業規模、業種、業歴等による利用要件が定められていますので、貴社が要件に該当するか確認が必要です。

④信用保証協会から保証を受けるには審査があり、保証を受けられる借入額にも限度額があります。

⑤信用保証協会を用いるには、一定の信用保証料を支払う必要があります。この信用保証料は、金融機関に支払う金利とは別途の負担となるため、十分な担保を提供できる場合と比較すると、借入コストの総額が割高になることがあります。

⑥信用保証協会を用いるには、原則として貴社代表者が主債務を連帯

保証する必要があります。団体信用生命保険に加入する場合には、団体信用生命保険加入の特約料も借入コストとして見たうえで検討する必要があります。

解説

1．信用保証協会について

信用保証協会は、信用保証協会法に基づき、中小企業者等が金融機関から貸付等を受ける際に債務保証を行うことで、金融円滑化を図ることを目的に設立された公的機関です。おおむね都道府県ごとに1つの信用保証協会が設立されています。

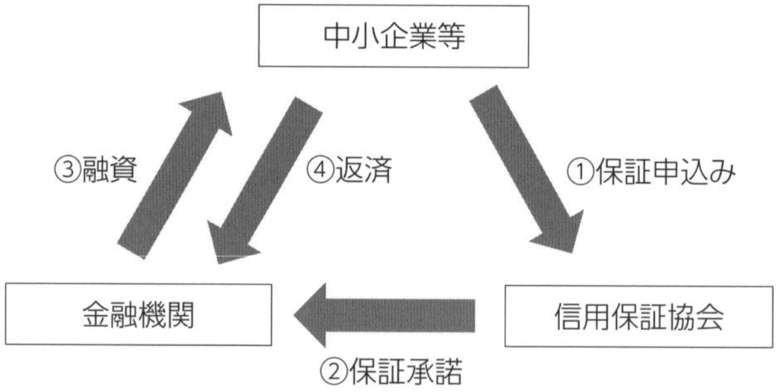

2．信用補完制度

(1) 概要

一般に、中小企業は信用力に乏しく、金融機関のみで中小企業の資金繰りを円滑に行うことは困難なため、各地の信用保証協会が保証人となることで資金繰りを支援しており、信用保証協会の赤字は全額政府出資の日本政策金融公庫が再保険により補てんすることで制度が運用されています。

信用保証協会の利用の内容は一般の保証契約と相違ありません。中小企業者が金融機関から融資を受ける際に、保証人たる信用保証協会が、主債務者たる中小企業者の委託を受けて、債権者たる金融機関に保証を行います。信用保証協会には大きな信用力があるため、信用保証協会から保証を受けることで金融機関から融資を受けることが容易になります。

中小企業者が融資資金の弁済ができなくなった場合に、信用保証協会が金融機関に対して代位弁済を行い、それ以降、中小企業者は信用保証協会から求償請求を受けて弁済を行っていくほか、法人代表者などの連帯保証人がいる場合には、連帯保証人も信用保証協会に対して弁済を行うことになります。当然ながら、信用保証協会が金融機関に代位弁済しても、中小企業者としては弁済先が変わるだけで弁済を継続しなければなりません。

(2) 信用保証協会の利用者

信用保証協会は中小企業支援を目的とした公的機関ですので、信用保証協会の利用には、業種ごとに設定された基準により、資本金や従業員数が一定規模以下であることが要件となります。なお、農林漁業や金融業など業種によっては規模によらず利用ができないなど、業種ごとにこれと異なる個別の取扱いがされることがあります。

また、信用保証協会の利用の申込みは、金融機関を通じて事業実態のある区域を管轄する各信用保証協会に対して行うことが多いようです。

(3) 信用保証協会の審査

信用保証協会は、資金繰りの改善、事業承継、新たな創業など、中小企業者のニーズに応じて、財務状況や事業計画などを総合考慮して保証の可否を判断します。

(4) 信用保証料

信用保証協会を利用する場合には、一定の信用保証料を信用保証協会に支払う必要があります。原則として、信用保証料は融資を受けた最初の時点で支払う必要があるため、中小企業者は、資金需要額に信用保証料を上乗せした金額で融資を受ける必要があります。信用保証料は金利とは別途の負担になりますので、全体としての借入コストが増える可能性があります。

(5) 連帯保証人

信用保証協会を利用する場合には、原則として中小企業者の代表者が連帯保証人になる必要があります。連帯保証人の要否については、中小企業者の財務状況が良好であることなど、経営者保証に関するガイドラインも考慮されます。

中小企業者の代表者が死亡した場合に備えるため、特約料を支払って団体信用生命保険に加入することもできます。

Q33 保証会社による保証

私はこれからワンルームマンションを賃借する予定ですが、親族や知人に保証人を依頼したくないので機関保証を選択するつもりです。何か気をつけるべき点はありますか。

A33

①住宅を借りる際、連帯保証人になることを頼める親族等がいない場合などには、民間の保証会社に連帯保証人になってもらうことも考えられます。

②家賃を滞納した場合には、保証会社が貸主に立替払いを行いますが、立替払いされた家賃は後で保証会社に支払う必要があります。

③保証会社を利用する場合には、保証料を支払う必要があり、これは家賃とは別途の負担となるため、親族等に連帯保証人を頼める場合と比較して、支払い金額の負担が大きくなります。

④保証料の相場は、賃料０．５～１か月分程度とされますが、入居の当初に支払うため引越費用などと併せて初期費用がかさむことになるほか、賃貸借契約の更新ごとに保証料も改めて支払う必要があります。

解　説

機関保証について

(1) 概要

住宅を借りる際には連帯保証人をつけることが契約条件になることが一般的です。なぜなら、不動産の賃借人は借地借家法により保護され、裁判費用なども考慮すると、家賃滞納が発生しても明渡しを求めることは容易ではなく、貸主の立場からは不動産は占有されているにもかかわらず賃料収入を得ることができない状態が長期間継続しやすいためです。

一方で、連帯保証人となることは一般に躊躇されることであるところ、親族や知人であっても連帯保証人となることを頼むことによって人間関係が損なわれることもあり、借主の立場からは、連帯保証人となることを頼める相手がいない、又は、頼みたくないということも珍しくありません。

そこで、近年では賃借人の債務保証を事業として行う家賃保証会社が保証人となることが増えています。このような家賃保証会社による保証を機関保証と呼びます。

賃借人が賃料を滞納した場合に、家賃保証会社が貸主に対して立替払いを行います。賃借人としては、それ以降も、毎月の賃料を貸主に支払っていく必要があるほか、家賃保証会社が立替払いした賃料も家賃保証会社に改めて支払う必要があります。当然ながら、家賃保証会社が貸主に立替払いしても、借主としては支払先が変わるだけで賃料分は支払わなければなりません。

(2) 機関保証の使用の可否

機関保証は貸主にもメリットがありますが、機関保証を認めるかどうかは貸主次第ですので、必ず機関保証を利用できるとは限りません。逆に機関保証しか認めない貸主もいます。また、機関保証を利用できる場合でも、貸主が指定した家賃保証会社しか認められないことも少なくありません。機関保証を使えるかどうかは事前に貸主に確認が必要です。

また、入居にあたって賃借人となろうとする者の収入等の審査があることは、家賃保証会社でも同様ですので、その点でも必ず機関保証を利用できるというわけではありません。

(3) 保証料

機関保証を利用する場合には、一定の保証料を家賃保証会社に支払う必要があり、賃貸借契約の更新の都度、改めて保証料も支払う必要があるケースが一般的です。そのため、無償で連帯保証人を引き受けてもらえる親族等がいる場合と比較して、賃料と合計での住宅費用が割高になります。また、原則として、保証料は入居前の時点で支払う必要があるため、引越費用などと併せて初期費用が増えることになります。保証料の金額に決まりはありませんが、賃料の０．５～１か月分が相場とされています。

(4) 立ち退き

家賃保証会社は賃料滞納への対応に熟達しているため、一般的な貸主と借主の一対一の関係の場合よりも、賃料滞納に対する明渡請求手続が早期に開始されることがあります。

(5) 家賃保証の自動解除更新特約の無効

家賃保証会社の立場からは、賃借人が賃料を１回滞納する都度、家賃保証会社との保証委託契約が一度自動的に解除のうえ更新され、そのたびに解除更新料を支払うものとした特約が付されていた事案で、このような特約は消費者契約法第10条違反により無効とした裁判例があります（名古屋地判平成23年４月27日判例集未登載）。そのため、賃借人は１回のみならず継続的に賃料を滞納する可能性があることを踏まえて保証料を設定するものとし、滞納１回ごとに賃借人に料金を請求するような条項を定めないよう注意が必要です。

Q34 表明保証

当社は今度M&Aを行うのですが、表明保証というものがあると聞きました。これは保証とは関係するのでしょうか。

A34

①表明保証とは、契約の一方当事者が他方当事者に対し、一定の時点における一定の事実状態又は権利義務の存否を表明し、その内容が真実かつ正確であることを保証することをいいます。ここで表明される事実状態や権利義務の存否の例としては、自己の財産額、行政許認可取得の有無、第三者と締結している契約内容などがあります。

②表明保証された事実状態や権利義務の存否が実際と異なっていた場合には、表明保証を行った者は補償義務や損害賠償義務として金銭支払債務を負う可能性があり、この点では民法にいう保証と類似性があります。

③表明保証はM＆Ａをはじめとした契約当事者自身が一定の事実を保証するのに対して、民法にいう保証は契約当事者（債権者・主債務者）以外の第三者（保証人）が債務の履行を保証するものです。そのため、表明保証は保証という言葉を使っていても、保証の対象と保証をする主体の点で、民法にいう保証とは性質が異なります。

解説

1．表明保証の意義

表明保証とは、契約の一方当事者が他方当事者に対し、一定の時点における一定の事実状態又は権利義務の存否を表明し、その内容が真実かつ正確であることを保証することをいいます。representations and warranties を訳したもので、「レプワラ」と省略して呼ばれることもあります。表明保証は法律上の概念ではありませんが、近時、Ｍ＆Ａの契約を中心に、各種契約書において定められることが多くなっています。表明保証を行う場合には、表明保証の対象となった情報が真実でない、又は、不正確であることが判明した場合に相手方に対し損害をてん補する旨を併せて合意することが多くみられます。

表明保証は、表明保証の内容に関する情報が、契約の一方当事者に偏在しており、かつ、契約の他方当事者にとって当該情報が契約締結の判断に重要であるような場合に、情報を有する一方当事者が他方当事者に対して、契約締結の前提を確認するために行われます。例えば、Ｍ＆Ａにおいて、買主は対象会社につきＭ＆Ａの実行前に調査を行いますが（一般的に「デューデリジェンス」と呼ばれます。）、Ｍ＆Ａの実行前の調査で買主が知ることができる情報は、対象会社の長い歴史で生じたことのうちほんの一部にすぎません。このような情報格差がありながらも、買主が調査しきれなかった内容について、売主がＭ＆Ａの契約書で表明保証を行うことで、買主は調査しきれなかった部分に問題が発生した場合、売主に損害賠償請求できるようになります。こうして、買主が安心して取引を行えるようにするのが、表明保証を行う趣旨です。

２．表明保証の法的性質

(1) 民法上の保証と表明保証の対比

表明保証は、その用語自体に「保証」が含まれることから、民法上の保証契約を想起させることもあります。しかし、民法上の保証は主債務者が債務を履行しない場合に当該債務を履行することを第三者が保証するのに対し、前述１．のとおり、表明保証は一定の事実状態又は権利義務の存否を保証するものです。このように、債務の履行を保証するのと、事実を保証するのとで異なっているほか、保証をしているのが第三者であるのと、債務者本人であるのとでも異なっており、民法上の保証と表明保証とは基本的な部分で法的性質が異なります。

(2) 製品の品質保証と表明保証の対比

表明保証はむしろ製品の品質保証に近いものと考えられています。製品の品質保証では、目的物たる製品の性状や品質を一定のものとして明示し、実際の製品の性状や品質が明示されたものと異なっていた場合に品質保証を行った者が目的物の修繕責任や損害賠償責任等を負います。表明保証も、表明保証された内容が実際と異なっていた場合に一定の責任を負うものとして類似のものと考えられます。

(3) 損害担保契約としての表明保証

表明保証条項が合意されるときには、表明保証の対象となった情報が真実でない、又は、不正確であることが判明した場合に損害をてん補する旨の補償条項と併せて合意されることが多く、このような表明保証違反の場合の制裁と併せて損害担保契約と理解することが一般的とされます。

このように補償条項と併せて表明保証が合意されたときに、表明保証違反があった場合には、表明保証を行った者は過失がなくとも表明保証違反によって相手方に生じた損害を担保する責任を負うものとされます。表明保証条項が単独で合意され、明文で補償条項が合意されていなかったとしても、表明保証違反について一定の損害の担保が合意に含まれていると解釈される場合もあるため注意が必要です。

3．表明保証を行う場合の注意事項

表明保証と民法上の保証とが異なることは以上のとおりですが、一定の場合に金銭債務を負う可能性がある点では共通しており、どのような事実等を表明保証するか、また、表明保証しないかは事前調査（デューデリジェンス）との関係も含め、慎重な検討が必要です。

特に巨額の取引となることが少なくないM＆Ａ取引で表明保証を行う場合には、表明保証違反で発生する損害賠償責任も高額となり得ます。そのため、M＆Ａ取引の契約書作成においては表明保証条項の記載について双方当事者が精緻に検討し、激しい交渉が行われることが珍しくありませんので、一層の慎重さが求められます。

表明保証条項の記載例は以下のとおりです。

第●条（売主による損害賠償又は補償）
1　売主は、買主に対して、第●条に規定された売主の表明及び保証が真実でないこと、又は、売主による本契約の義務の違反若しくは不履行により買主に発生した全ての損害、損失及び費用（合理的な弁護士報酬及び費用を含む。以下「買主の損害等」という。）につき、賠償等をする。
2　前項の請求を行う場合、買主は、譲渡実行日から２年後の応当日までに、売主に対し書面により行わなければならないものとする。

第●条（売主の表明及び保証）

売主は、本契約締結日及び譲渡実行日において（但し、特に時点を指定した場合はその指定した時点に限るものとする。）、買主に対し、次の項目に記載された各事実が真実かつ正確であることを表明し、保証する。なお、買主が売主の表明及び保証の違反を構成し又は構成する可能性のある事実を知り又は知り得たことは、本契約に従ってなされた売主の表明及び保証の効果にいかなる影響を与えるものではない。

【売主に関する表明保証】

(1) 売主は、日本国に居住する意思能力及び行為能力に何らの制限のない成人した自然人である。

(2) 売主は、本契約を適法かつ有効に締結し、これを履行するために必要な権利能力及び行為能力を有している。

（以下略）

【対象会社に関する表明保証】

(1) 対象会社は、日本法に基づいて適法かつ有効に設立され、かつ有効に存続している株式会社であり、現在行っている事業を行うために必要な権限及び権能を有している。

(2) 対象会社の発行可能株式総数は●株で、発行済株式総数は普通株式●株であり、その全てが適法かつ有効に発行され、全額払込済みの普通株式である。

(3) 対象会社は、前号記載の株式以外に、何ら株式、新株予約権、新株予約権付社債その他の株式関連証券を発行し若しくはこれらの引受権を付与しておらず、発行若しくは付与する旨の契約を締結しておらず、又は発行若しくは付与する旨の決議を行っていない。

(4) 売主が買主に提出した財務諸表（決算書、月次試算表等）及び会計帳簿は一般に公正妥当と認められる会計処理の基準に従って作成、保存されており、対象会社の財務状況及び事業の結果を正確に反映している。また、対象会社の財務状況及び事業内容について、当該財務諸表の作成期間以降、重大な変化によって対象会社の運営、信用、評価等に軽微でない影響を及ぼすものはない。

(5) 対象会社は、対象会社の計算書類等のうち直近事業年度に係る貸借対照表に記載された債務及び直近事業年度の末日以降通常の業務過程で生じた債務を除き、いかなる債務も負担しておらず、簿外債務（潜在債務、保証債務、偶発債務及び不法行為責任から生じる債務を含む。）は存在しない。

(6) 対象会社は、通常の業務の範囲内において業務を行っており、その財政状況、経営成績、キャッシュフロー、事業、資産、負債若しくは将来の収益計画又はそれらの見通しに重大な悪影響を及ぼす可能性のある事由若しくは事象は発生していない。

(以下略)

Q35 Ｍ＆Ａと保証

当社は今度Ｍ＆Ａを行って他社を買収するのですが、売り手の社長が個人保証をしている債務が多くあります。これはどのように対応すればよいのでしょうか。

A35

①Ｍ＆Ａ取引においては、売り手の社長が経営を退くことを前提として、個人保証を解除してもらえるよう金融機関等と交渉することが一般的です。売り手の社長が引き続き経営に参画する場合には個人保証をそのままにすることも考えられます。

②売り手社長の個人保証が解除できない場合は、Ｍ＆Ａ自体が破談となる可能性もありますので、対策を検討する必要があります。

③個人保証を解除してもらう方法は、買い手である貴社が第三者弁済を行うなどして主債務を消滅させる方法、主債務について買い手である貴社が保証を行い、又は、貴社経営者等が個人保証を行うことで、売り手の社長の個人保証を解除するよう交渉する方法、買い手である貴社が不動産抵当権その他の物的担保を提供することで、売り手の社長の個人保証を解除するよう交渉する方法、買い手である貴社に十分な内部留保やキャッシュフローといった財務基盤がある場合に、保証や抵当権の設定なしで売り手の社長の個人保証を解除するよう交渉する方法があり得ます。

解説

1．経営者保証の意義

経営者保証とは、会社の債務について経営者が保証を行うことをいいます。

この経営者保証は、主に、中小企業が金融機関から融資を受ける際、会社の信用を補完するため、また、融資資金を不当に会社から経営者個人に還流しないという規律を担保するために行われます。

2．M＆Aの場面における経営者保証の処理

(1) 経営者の交代と経営者保証の関係

一般に、保証契約における主債務者が法人である場合に、当該法人の経営者（社長）が交代したとしても、保証契約の効力に影響はなく、保証人は依然として当該法人が負っている主債務について保証責任を負い続けることになります。保証人が保証したのは、法人の債務であって、経営者の債務ではないからです。

経営者保証も、法人と経営者の経済的な一体性に着目して行われるものの、法的には法人とは独立の個人という立場で経営者が法人の主債務を保証するものであるため、同様の扱いとなります。つまり、経営者保証を行っていた経営者が経営を退いても、保証債務は消滅せず、その元経営者は依然として法人の負う主債務について責任を負い続けることになります。

なお、経営者保証が包括根保証である場合に、当該根保証は保証人が経営者の地位にあることを前提に行われたものとして、経営を退いた経営者に将来に向かって根保証の解除権（元本確定請求権）が認め

られる可能性もありますが（大判昭和16年５月23日大民集20巻637頁）、改正後の民法では個人による包括根保証自体が禁止されたほか（民法465の２②）、元本確定事由が法定されたため（民法465の４）、この点が問題となることは限定的になると考えられます（元本確定についてQ27の解説２.）。また、仮に元本確定請求権が認められる場合でも、これを行使する以前に生じた主債務については、やはり保証債務を負うことになります。

(2) M＆Aにおける経営者保証の解除の必要性

M＆Aが行われる際は、対象会社の株主である売り手が買い手に対して対象会社の株式を譲渡するのと同時に、経営陣も買い手が手配した経営者に交代するのが一般的です。しかし、前述の（1）のとおり、売り手の経営者は経営を退いても、すでに負っていた保証債務が消滅するわけではありません。売り手の経営者としては、経営を退いて、事業の成否が自己の行為と無関係に決まり、また、事業が成功した際の利益を得ることもできなくなるにもかかわらず、買い手の経営者の下において事業が失敗したら保証債務を履行しなくてはならないとすると、M＆Aに応じる意欲が著しく失われることになります。そのため、M＆Aの交渉においては、M＆Aの実行と同時に売り手の経営者保証を解除できるよう金融機関等の債権者とも事前に交渉を行い、事案に応じた方法を検討することが一般的です。経営者保証の解除ができない場合には、それを理由にM＆Aが破談となることもあり得るところです。

(3) 経営者保証の解除の方法

経営者保証を解除するには、次のような方法が考えられます。

①　弁済

買い手が資金を拠出して、主債務を弁済により消滅させることで、保証契約の付従性（Q20の解説1．）により当然に経営者保証も消滅することになります。M＆Aの買い手がM＆A取引の実行日当日に第三者弁済をしたうえで弁済相当額だけM＆Aの対価を減額するということも考えられますし、M＆Aの対象会社に十分な弁済資金がある場合には対象会社自身で弁済してしまうことも考えられます。また、場合によっては、買い手が事前に対象会社に貸付けを行い、又は、増資を行って対象会社に対し弁済の資金を拠出したうえで、対象会社が主債務を弁済することもあります。

債権者が商品の仕入先であるなど債権額が比較的少額の場合は、弁済によって経営者保証を消滅させることが効率的なこともあると思われます。

経営者保証が根保証である場合には、弁済によっても当然には保証債務が消滅することはありませんが、被担保債権がない状態においては、債権者との間で経営者保証の解除について合意することも難しくないと考えられます。

②　新たな保証人の提供

債権者の立場からは、経営者保証を行っている経営者個人と同等以上の信用がある保証人を確保できれば、従前の経営者保証を解除しても経済的に損失はないと考えられます。そのため、貴社に相応の財務基盤がある場合に貴社が保証人となり、又は、貴社経営者に十分な資産がある場合に貴社経営者が保証人となることと引き換えに、従前の経営者保証を解除するよう債権者と交渉することが考えられます。

③　新たな物的担保の提供

債権者の立場からは、主債務の金額相当で換価可能な物的担保を確保できれば、従前の経営者保証を解除しても経済的に損失はないと考えられます。そのため、貴社の所有不動産に抵当権を設定するなど十分な物的担保を提供することと引き換えに、従前の経営者保証を解除するよう債権者と交渉することが考えられます。

④　主債務者としての信用性の確保

債権者の立場からは、主債務者自身が確実に弁済できると信用できる場合には、必ずしも保証人を立てさせる必要はないことになります。もともと経営者保証がされていたということは、金融機関からすれば、主債務者たる対象会社には融資を返済できない一定以上のリスクがあると考えていたことになりますが、貴社に十分な内部留保やキャッシュフローがあるなど財務基盤が強固な場合には、従前の経営者保証を解除するよう債権者と交渉することも可能かもしれません。

(4)　経営者保証ガイドライン

前述の１．のとおり経営者保証には一定の合理性がありますが、一方で、経営者自身が経済的に破綻するリスクを伴うため多額融資を受けての投資を躊躇させて社会経済を停滞させる影響があるほか、経営が傾いた際も保証債務による経済的な破綻が現実化することを恐れて経営者が事業再生を含めた倒産処理を先送りにして状況が悪化するなど、望ましくない側面もあります。

そのため、日本商工会議所や全国銀行協会などが検討を行った結果、望ましい経営者保証の在り方について、経営者保証ガイドラインが公表されています。当該ガイドラインは、主債務者に十分な信用性が認められる場合などに、金融機関が漫然と経営者保証を求めることは控えるべきことなどを内容としており、事業承継の場面においては後継者の確保の観点から特別な検討も行われています（ガイドラインＱ＆Ａ３-２、６-２及び事業承継時に焦点を当てた「経営者保証に関するガイドライン」の特則)。

金融機関では、経営者保証の解除の是非判断において当該ガイドラインも基準とすることがあるため、M&Ａで経営者保証の解除を金融機関と交渉する際にも、財務状況、経営方針及び事業計画を適時適切に開示することなど、金融機関の合意を得るための参考として当該ガイドラインを参照することが考えられます。

Ⅱ

税務編

Q36 所得税①

個人が保証債務を履行し、求償権を行使した場合の所得税の課税関係について教えてください。

A36

- 通常、個人が保証債務を履行し求償権を行使した場合には、所得税の課税上の問題は生じません。ただし、事業上の保証債務の履行の場合において求償権を行使することができなかったときは、行使することができないこととなった金額は一定の所得の必要経費に算入されます。
- 個人が保証債務を履行するために所有している資産を譲渡してその譲渡代金を弁済にあてた場合には、原則としてその資産の譲渡にかかる所得に対して所得税が課されます。ただし、その譲渡代金を弁済にあてた後求償権の全部又は一部を行使することができなかった場合には、一定の要件の下、各種所得の金額の計算上、その行使することができないこととなった金額はなかったものとみなされます。

解説

1．保証債務を履行した個人の所得税の取扱いの概要

保証債務の履行とは、主債務者が債務を弁済しない場合にその債務

者に代わってその債務を弁済することをいいます。個人が保証債務を履行する際に、個人がもっている預貯金などの資金で弁済することもあれば、預貯金などの資金が足りない場合には個人で所有している土地、建物などの資産を譲渡して、その譲渡によって得た金銭等を弁済の資金にあてることもあります。

また、保証債務を履行した場合には、主債務者に代わって弁済した金額をその債務者から取り立てる権利（求償権）が発生します。その求償権を行使することによって主債務者から肩代わりした金額を回収することができますが、債務を弁済しなかった主債務者はもともと資金難に陥っており回収が困難となることが想定されます。

このような場合の保証債務を履行した個人の所得税については、次の場合に応じた取扱いとなります。

(1) 主債務者に代わり債務を弁済し、その後求償権を行使してその債務者から回収できた場合

個人が主債務者に代わり債務を弁済し、発生した求償権を行使してその債務者から肩代わりした金額を回収することができた場合には、保証債務の履行及び求償権の行使に関して所得は生じないため、所得税課税はされません。

(2) 主債務者に代わり債務を弁済し、その後求償権を行使することができなくなりその債務者から回収できなかった場合

求償権が行使できないこととなった場合には保証債務を履行した個人に損失が発生します。この場合において、事業の遂行上生じた保証債務の履行に伴う求償権が行使できなかったときは、その損失の金額は、各種所得（事業所得、不動産所得又は山林所得）の計算上、必要経費に算入されます。なお、必要経費算入は、当該保証の引受けが事業と何らかの関連性を有するすべての場合に認められるわけではな

く、当該事業の遂行上なされたものと客観的に認められる場合に限り認められます。

(3) 主債務者に代わり債務を弁済するために資産を譲渡してその譲渡代金を弁済にあて、その後求償権を行使してその債務者から回収できた場合

個人が主債務者に代わり債務を弁済するために資産を譲渡してその譲渡代金を弁済にあて、発生した求償権を行使してその債務者から肩代わりした金額を回収することができた場合には、その資産の譲渡に関して一般的な資産の譲渡と同様、譲渡益が生じたときは譲渡所得に対して所得税が課されます。

なお、この資産の譲渡の際に、その譲渡代金を回収することができなかった等一定の場合には、一般的な資産の譲渡と同様、その所得の金額の計算上、その譲渡がなかったものとみなされます。

(4) 主債務者に代わり債務を弁済するために資産を譲渡してその譲渡代金を弁済にあて、その後求償権を行使することができなくなりその債務者から回収できなかった場合

個人が主債務者に代わり債務を弁済するために資産を譲渡してその譲渡代金を弁済にあて、求償権を行使してその債務者から肩代わりした金額を回収することができなかった場合には、その資産の譲渡により生じた譲渡益のうち回収不能部分については、一定の要件の下、その所得の金額の計算上なかったものとみなされます（事業所得、不動産所得又は山林所得の必要経費に算入されるものは除きます。）。

所得の金額の計算上なかったものとみなされるための要件のうち、主なものは次のとおりです。

・保証契約等の締結時において、主債務者に債務を弁済する能力があったこと。

・保証債務を履行するために自己の資産（棚卸資産等を除きます。）を譲渡したこと。

・保証債務を履行したことに伴って生じた求償権の全部又は一部を行使することができなくなったこと。

また、この規定の適用を受けるためには、確定申告書等にその旨の記載をし、所定の計算明細書や書類を添付して提出することが必要です。

2．所得税の取扱いのまとめ

	主債務者から回収可	主債務者から回収不可
自己資金や借入金により保証債務を履行	所得税課税なし	所得税課税なし ただし事業上の回収不能額は必要経費に算入可
自己所有の資産を譲渡して保証債務を履行	資産の譲渡益に所得税課税あり	一定の要件の下資産の譲渡がなかったものとみなす

各内容の詳細や具体的事例は次頁以降のＱ＆Ａを参照してください。

Q37　所得税②

　保証債務を履行するため譲渡所得課税が行われる資産の譲渡をした場合に、その履行に伴う求償権の全部又は一部を行使できないこととなったときは、その行使できないこととなった金額は、不動産所得の金額、事業所得の金額又は山林所得の金額の計算上必要経費に算入される金額を除いて、譲渡所得の金額をなかったものとすることができる取扱いがあると聞きました。この特例の概要について教えてください。

A37

- 下記要件を満たした場合には、その履行に伴う資産の譲渡にかかる譲渡所得の金額は、なかったものとみなされます。
  ①保証債務を履行するため譲渡所得課税が行われる資産を譲渡したこと
  ②保証債務を履行していること
  ③履行に伴う求償権の全部又は一部を行使できなくなったこと

解説

1．制度概要について

　保証債務を履行するため譲渡所得課税が行われる資産の譲渡をした場合に、その履行に伴う求償権の全部又は一部を行使できないこととなったときは、その行使できないこととなった金額は、その年分の譲渡所得の金額の計算上なかったものとみなされます（所法64①②）。

なお、その求償権の行使不能額が事業の遂行上生じたものであるときは、その事業にかかる不動産所得の金額、事業所得の金額又は山林所得の金額の計算上必要経費に算入されることになります（所法51②、所令141二）。

2．保証債務の履行の範囲

保証債務の履行とは、民法第446条《保証人の責任等》に規定する保証人の債務又は第454条《連帯保証の場合の特則》に規定する連帯保証人の債務の履行があった場合のほか、次に掲げる場合も、その債務の履行等に伴う求償権を生ずることとなるときは、これに該当するものとされます（所基通64-４）。

(1) 不可分債務の債務者の債務の履行があった場合

(2) 連帯債務者の債務の履行があった場合

(3) 合名会社又は合資会社の無限責任社員による会社の債務の履行があった場合

(4) 身元保証人の債務の履行があった場合

(5) 他人の債務を担保するため質権若しくは抵当権を設定した者がその債務を弁済し又は質権若しくは抵当権を実行された場合

(6) 法律の規定により連帯して損害賠償の責任がある場合において、その損害賠償金の支払いがあったとき

3．保証債務を履行するための資産の譲渡

保証債務を履行するための資産の譲渡とは、一般的には、資産を譲渡し、その譲渡代金で保証債務を履行した場合又は保証債務を代物弁済した場合における資産の譲渡をいうものとされます。

ただし、保証債務の履行を借入金で行い、その借入金を返済するために資産の譲渡があった場合においても、当該資産の譲渡が実質的に保証債務を履行するためのものであると認められるときは、所得税法第64条第２項に規定する「保証債務を履行するため資産の譲渡があった場合」に該当します。

また、被相続人が借入金で保証債務を履行した後にその借入金を承継した相続人がその借入金を返済するために資産を譲渡した場合も、同様です。

なお、借入金を返済するための資産の譲渡が保証債務を履行した日からおおむね１年以内に行われているときは、実質的に保証債務を履行するために資産の譲渡があったものとして差し支えないとされています（所基通64-５）。

4．譲渡所得の計算上なかったものとされる金額

求償権の行使ができないこととなったときには、その保証債務の履行にかかる譲渡所得の金額から、次に掲げる金額のうち最も低い金額を控除します（所令180②、所基通64-２の２）。

(1)　求償権の行使不能額

(2)　求償権の行使不能となった時の直前において確定しているその資産の譲渡にかかる年分の総所得金額、土地等にかかる事業所得等

の金額、短期譲渡所得の金額、長期譲渡所得の金額、上場株式等にかかる配当所得の金額、一般株式等にかかる譲渡所得等の金額、上場株式等にかかる譲渡所得等の金額、先物取引にかかる雑所得等の金額、退職所得金額及び山林所得金額の合計額

(3)（2）に掲げる金額の計算の基礎とされる各種所得の金額のうち当該回収不能額等にかかるものから、当該回収不能額等に相当する収入金額がなかったものとした場合に計算される当該各種所得の金額を控除した残額

端的に言えば、求償権の行使不能による損失は、その譲渡所得が生じた年の所得が赤字にならない範囲で、その譲渡が生じた年の譲渡所得から控除されることになります。

なお、保証債務の履行のために２以上の資産の譲渡をした場合に、その履行に伴う求償権の行使不能額がいずれの資産の譲渡にかかる収入金額について生じたか明らかでないときは、その行使不能額についてその各資産の譲渡にかかる収入金額の比により按分して計算した金額を当該各資産の譲渡にかかる収入金額に対応する行使不能額として、上記の計算を行います。

ただし、納税者が２以上の資産のうちいずれか一の資産又は２以上の資産を選択し、当該選択した資産の譲渡にかかる収入金額について当該行使不能額が生じたものとして計算をして申告したときは、その計算が認められます（所基通64-３の４）。

例えば、税率の高い短期譲渡所得の土地と税率の低い長期譲渡所得の土地を売却して保証債務を履行し、その求償権が行使不能となったとします。この場合、原則的には短期譲渡所得の不動産と長期譲渡所

得の不動産の譲渡収入の比によって、それぞれに行使不能額が生じたものと考え、本特例の計算を行います。ただし、納税者の選択によれば、税率の高い短期譲渡所得の不動産から、行使不能額が生じたものとして計算することも可能ということになります。

5．相続税の債務控除との関係について

被相続人の保証債務を引き継いだ相続人が、その保証債務の履行のために資産を譲渡した場合は、所得税法第64条第２項に規定する「保証債務を履行するための資産の譲渡があった場合」に該当します。よって、その求償権の全部又は一部を行使できないこととなったとき等の要件を満たす場合は、その譲渡にかかる所得の計算上、本特例の適用が可能です。

なお、保証債務について、被相続人の相続税の計算上債務控除の規定の適用を受けていたとしても、併用して本特例の適用が可能です(所基通64-５の３)。

6．申告要件について

この規定は、確定申告書、修正申告書又は更正請求書に一定の事項の記載があり、かつ、一定の書類の添付がされている場合に限り、適用されます。

なお、求償権の行使不能が申告や決定があった後に生じた場合には、その求償権の行使不能となった日の翌日から２か月以内に限り、更正の請求をすることができます（所法152)。

Q 38 所得税③

求償権の全部又は一部を行使することができないこととなったときとはどういった場合に認められるのでしょうか。

A 38

- 債務者について更生計画や再生計画等に基づく認可の決定があった場合等に認められます。
- 認可の決定がない場合であっても、債務者の債務超過の状態が相当期間継続している場合も認められます。

解説

1．求償権行使不能の判定

保証債務の履行に伴う求償権の全部又は一部を行使することができないこととなったときは、その金額に対応する部分の所得はなかったものとみなされます。しかし、行使不能となったかどうかの事実認定は難しいため、所得税基本通達に判定方法及び行使不能と認められる金額が定められています（所基通51-11、64-1）。

(1) 会社更生法等の規定による更生計画の認可の決定があったこと又は民事再生法の規定による再生計画の認可の決定があったこと。

これらの決定により切り捨てられることとなった部分の金額

(2) 特別清算にかかる協定の認可の決定があったこと。

この決定により切り捨てられることとなった部分の金額

(3) 法令の規定による整理手続によらない関係者の協議決定で、次に掲げるものにより切り捨てられたこと。

その切り捨てられることとなった部分の金額

① 債権者集会の協議決定で合理的な基準により債務者の負担整理を定めているもの

② 行政機関又は金融機関その他の第三者のあっせんによる当事者間の協議により締結された契約でその内容が①に準じるもの

(4) 債務者の債務超過の状態が相当期間継続し、その貸金等の弁済を受けることができないと認められる場合において、その債務者に対し債務免除額を書面により通知したこと。

その通知した債務免除額

2．法人（主債務者）の代表者等が特例を受ける場合の上記1．（4）の実質判定

所得税法第64条第２項にいう「求償権の行使をすることができないこととなったとき」とは、求償権行使の相手方である主債務者が倒産して事業を廃止してしまう、事業回復の目処が立たず破産若しくは私的整理に委ねざるを得ない場合はもちろんのこと、主債務者の債務超過の状態が相当期間継続し、衰微した事業を再建する見通しがないこと、その他これに準ずる事情が生じ、求償権の行使、すなわち債権の回収の見込みがないことが確実となった場合をいいます。

上記１．(4) における「その貸金等の弁済を受けることができないと認められる場合」であるかどうかについての判定は、例えば、法人（主債務者）の代表者等が求償権の放棄（債務免除）をする場合、

その法人の債務超過の状態が相当期間継続し、その求償権を放棄（債務免除）することによっても、なお債務超過の状態にあるかどうかで判定しますが、判定の詳細は次のとおりです。

(1) その判定の時期は、書面により債務免除した時点となること。

　このため、求償権の放棄後に、法人が存続し、売上高の増加や債務額の減少等があったとしても、この判定には影響しないこととなります。

(2) 債務超過かどうかの判定にあたっては、土地等及び上場株式等の評価は時価ベースにより行うこと。

　これは、その法人が債務超過かどうかの判定は時価ベースの純資産価額により行う趣旨が簡記されたものであり、一般に評価差損益が著しく生じる土地等と上場株式等が例示されたもので、評価替えは必ずしもこれらの資産に限られていません。

(3) 取引先の倒産等により短期間で相当の債務を背負ったような場合でも、求償権を行使することができない場合に当たること。

Q39 所得税④

以前の確定申告で、保証債務を履行するために、譲渡所得課税が行われる資産を譲渡し、譲渡所得申告を行いました。本年において、相手方が破産手続開始の決定を受け、その保証債務にかかる求償権の行使ができなくなりましたが、以前の譲渡所得について更正の請求は可能でしょうか。

A39

- 求償権の行使不能が確定した日の翌日から２か月以内であれば、所得税法第152条に基づく更正の請求が可能です。
- 求償権の行使不能が確定した日の翌日から２か月を超えてしまっていても、その譲渡所得にかかる所得税申告の法定申告期限から５年以内であれば、国税通則法第23条第１項に基づく更正の請求が可能です。

解説

１．所得税法第152条に基づく更正の請求期限

所得税法第64条第２項では、保証債務を履行するため資産の譲渡を行った場合に、その保証債務の求償権が行使不能となったときは、その資産の譲渡所得をなかったものとすると規定しています。

この規定は、その譲渡所得にかかる所得税申告をした後に求償権の

行使不能が生じた場合には、その所得税申告について更正の請求をすることで、適用される取扱いとなります。

そして、所得税法第152条では、当該規定による更正の請求ができる期間を、求償権の行使不能が確定した日の翌日から２か月以内と規定しています。

２．国税通則法第23条第１項に基づく更正の請求期限

所得税法第152条による期間を過ぎてしまっていても、その確定申告期限から５年以内であれば、国税通則法第23条第１項の規定による更正の請求が可能です。

これは、確定申告期限後において求償権の行使不能の事実が生じた場合、その譲渡所得をなかったものとするため、国税通則法第23条第１項に基づく更正の請求事由である「課税標準等若しくは税額等の計算が国税に関する法律の規定に従っていなかったこと又は当該計算に誤りがあったことによって、税額が過大となった場合」に該当すると解されるためです。また、この取扱いは、譲渡者は、結果として資産の譲渡による所得を何ら享受しないこととなるので、所得税法第64条第２項の特例の趣旨にも合致するものと考えられます。

Q40 所得税⑤

保証債務を履行するために、不動産を譲渡する予定ですが、自宅の譲渡であることから、その譲渡に半年程度かかることが想定されています。そのため、次のような方法で保証債務の履行を考えています。

ケース１：保証債務の履行を銀行からの借入れで行い、およそ半年後自宅の譲渡代金をもってその借入金の返済をする方法

ケース２：保証債務の履行を銀行Ａからの借入れで行い、自宅の譲渡をした後に銀行Ｂから借入れを行いその借入金をもって銀行Ａの借入金を返済し、その後、自宅の譲渡代金を分割受領し、それをもって銀行Ｂからの借入金を長期にわたって分割返済する方法

なおすでにこの保証債務は、債務者に対して求償権が行使できないことが明らかになっています。今回のケースでは、自宅の譲渡は「保証債務を履行するため資産の譲渡があった場合」として、求償権の行使ができなくなった金額に対応する部分の所得はなかったものとみなされるのでしょうか。

また、私は高齢なので、例えば借入金をもって保証債務を履行した直後に亡くなり、借入金を承継した相続人である息子が、本人所有の不動産を譲渡してその借入金を返済した場合の取扱いについても教えてください。

A 40

- その資産の譲渡と保証債務の履行に強い因果関係がある場合には、「保証債務を履行するために資産の譲渡があった場合」に該当します。
- 一時的に借り入れた資金で保証債務を履行して、その後資産の譲渡代金をもって遅滞なく借入金を返済した場合には、資産の譲渡と保証債務の履行に強い因果関係があると認められ所得税法第64条第2項の規定を適用することができます。
- 借入金返済のための資産の譲渡が、その保証債務の履行日からおおむね1年以内であれば差し支えありません。
- 被相続人が保証債務の履行のために行った借入金の返済をその相続人が行う場合についても同様に取り扱います。

解説

1．保証債務の履行のために行った借入金と資産の譲渡の関係

保証債務の履行にあたって資産の譲渡を行った場合に、その求償権の行使ができないことが明らかになったときは、その行使ができない部分の金額を、資産の譲渡による収入金額のうち「回収することができないこととなった部分の金額」とみなし、その金額に対応する部分の所得はなかったものとみなされます（所法64②）。

この、保証債務の履行にあたって資産の譲渡を行った場合とは、一般的に「資産を譲渡しその譲渡代金をもって保証債務の履行をした場合」を指しているものと考えられています。このとき、借入金で保証債務を履行し、その後に資産の譲渡を行ってその借入金の返済をして

いるとき、その資産の譲渡が実質的に保証債務の履行を理由に行われたものであると認められる場合には、所得税法第64条第２項に規定する「保証債務を履行するため資産の譲渡があった場合」に該当し、その金額に対応する部分の所得はなかったものとみなされます（所基通64-５）。

２．保証債務の履行日から資産の譲渡までの期間

この資産の譲渡は、保証債務の履行日からおおむね１年以内に行われている場合は、資産の譲渡が実質的に保証債務の履行のために行われているものであると考えて差し支えありません。そのため自宅の譲渡のように、資産の譲渡までに相当の期間を要する場合であっても、その資産の譲渡と保証債務の履行との間に強い因果関係があることが認められる場合には、「保証債務を履行するための資産の譲渡があった場合」に該当するものとされています（所基通64-５（注））。

３．「保証債務を履行するための資産の譲渡があった場合」に該当しない場合

「保証債務を履行するための資産の譲渡があった場合」に該当するためには、その資産の譲渡と保証債務の履行との間に強い因果関係があることが必要とされます。そのため、やむを得ず譲渡代金を受領するまでのつなぎ資金として、一時的な借入金によって行われた後、短期間のうちに資産を譲渡して、その譲渡代金をもって遅滞なくその借入金を返済するなど、借入金が資産の譲渡までの一時的なつなぎのための資金である、と認められないような場合には、「保証債務を履行

するための資産の譲渡があった場合」には該当せず、その金額に対応する部分の所得はなかったものとみなすことができません（平成２年６月22日裁決）。

４．本問のケース

(1) ケース１

本問のケース１では、自宅の譲渡が、借入金による保証債務の履行後およそ半年で行われていること、また資産の譲渡代金をもって借入金を返済していることから、自宅の譲渡と保証債務の履行との間に強い因果関係があると考えることができるため、「保証債務を履行するための資産の譲渡があった場合」に該当し、その金額に対応する部分の所得はなかったものとみなされると考えられます。

(2) ケース２

本問のケース２では、保証債務の履行のための借入金を、自宅を譲渡した後に銀行Ｂから借り入れた資金によって返済し、その後自宅の譲渡代金を分割で受け取り、その受け取った譲渡代金をもって、分割して銀行Ｂからの借入金を返済するなど、借入金が自宅の譲渡代金を受領するまでの一時的なつなぎ資金のようなものであるとは認められないことから、自宅の譲渡と保証債務の履行との間に強い因果関係があるとはいえないため、「保証債務を履行するための資産の譲渡があった場合」に該当せず、その金額に対応する部分の所得はなかったものとみなされないものと考えられます。

5．被相続人の借入金を承継した相続人に関する取扱い

被相続人が借入金によって保証債務を履行し、その借入金を承継した相続人が借入金の返済のために資産の譲渡を行った場合には、その譲渡も「保証債務を履行するための資産の譲渡があった場合」に該当するものとして扱われます。

したがって、相続人であるご子息が資産を譲渡して借入金を返済した場合についてもこの特例を適用することができます。

Q41 所得税⑥

父の相続が発生し、父から承継した保証債務を履行するために土地を譲渡しました。その譲渡金額の大半は保証債務の履行に充当したのですが、譲渡金額に多少の余裕があったことから、残額を父の相続税の納税資金へ充てることにしました。

ところで、保証債務の特例を適用するためには、「保証債務を履行することを目的として資産を譲渡していなければならない」と聞いています。今回のように譲渡金額の一部を保証債務の履行以外の用途に充当した場合であっても、この要件を満たすことになるのでしょうか。

A41

- 保証債務の特例を適用するためには3つの実体的要件を満たす必要があります。
- 実体的要件の1つである「保証債務を履行するため譲渡所得課税が行われる資産を譲渡したこと」については、資産の譲渡と保証債務の履行との間に強い因果関係があると認められることが重要です。

解説

1．保証債務の特例を適用するための実体的要件

保証債務の特例を適用するためには、(1) 保証債務を履行するため譲渡所得課税が行われる資産を譲渡したこと、(2) 保証債務を履行していること、(3) 履行に伴う求償権の全部又は一部を行使できなくなったこと、の３つの実体的要件を満たす必要があります（詳細はQ37を参照ください。）。

そもそも、所得税法第64条第２項の保証債務の特例の趣旨は、保証人が保証債務の履行のために資産を譲渡したものの、主債務者に返済能力がない等の理由で、求償権の行使ができなくなった場合には、資産を譲渡した者は、実質的にその譲渡によって所得を享受しているとはいえないことから、求償権の行使が不能となった部分の金額は所得計算上存在していなかったものとみなして、その資産の譲渡にかかる所得に対する課税を、求償権が行使できなくなった限度で差し控えるべきとしたものと解されています。

この趣旨に照らせば、資産の譲渡について所得税法第64条第２項の保証債務の特例を適用するためには、上記３つの実体的要件を満たす必要があると解されます。

このとき、実体的要件 (1)「保証債務を履行するため譲渡所得課税が行われる資産を譲渡したこと」は、その保証債務の履行のために行われた資産の譲渡による収入と、実際に保証債務の履行に充当されたこととの間に強い因果関係が要求されるものであると解されます。そのため、例えば資産の譲渡収入の一部が保証債務の履行に充てられていない場合や、債務の返済期限の到来に先行して資産の譲渡時期がきた場合でも、そのことによってただちに実体的要件 (1) を満たさ

ないことになるわけではありません（平成25年４月４日裁決より一部抜粋）。

2．本問のケース

本問の場合には、その保証債務のために行われた土地の譲渡による収入の大半が実際に保証債務の履行に充当されていることから、資産の譲渡と保証債務の履行との間に強い因果関係があると認められ、保証債務の特例を適用するための実体的要件（1）「保証債務を履行するため譲渡所得課税が行われる資産を譲渡したこと」を充足しているものと考えられます。これに加えてその他２つの要件を含めたすべての実体的要件を満たす場合には、所得税法第64条第２項の保証債務の特例の適用を受けることが可能となります。

ただし、特例の適用を受けることのできる範囲は、資産の譲渡価額のうち保証債務の履行に充当し、かつ求償権が行使できなくなった金額が限度となりますのでご注意ください。

Q42 所得税⑦

いわゆる、「譲渡担保」により資産の譲渡を行いました。所得税法の取扱いを教えてください。

A42

- 一定の形式的要件を満たす場合には、譲渡所得を認識しません。
- 譲渡後において要件を欠くこととなったとき又は債務不履行のためその弁済に充てられたときは譲渡所得を認識します。

解説

1．制度概要

(1) 内容

譲渡担保は、資産の移転の形式をとっていますが、債務者と債権者がその目的物について賃貸借契約書を締結し、その契約に基づいて債務者が目的物を引き続き占有して使用する形式をとるような場合には、その実質は金融の担保的な機能を果たしているにすぎないと認められることから、一定の形式的要件を具備する譲渡担保については、譲渡がなかったものとして取り扱うことになっています。

(2) 要件

債務者である個人が、債務の弁済の担保としてその所有する資産を譲渡した場合において、その契約書に次のすべての事項を明らかにし、かつ、その譲渡が債権担保のみを目的として形式的にされたものである旨の債務者及び債権者の連署による申立書を提出したときは、その譲渡がなかったものとして取り扱われます。

①　その担保にかかる資産を債務者が従来どおり使用収益すること。

②　通常支払うと認められるその債務にかかる利子又はこれに相当する使用料の支払いに関する定めがあること。

また、形式上、買戻条件付譲渡又は再売買の予約とされているものであっても、上記のような要件を満たしているものは、譲渡担保に該当するものとしてこの取扱いが適用されます（所基通33-２）。

２．譲渡所得を認識する場合

譲渡後において、上記１.(2) ①及び②の要件のいずれかを欠くこととなったとき又は債務不履行のため資産がその弁済に充てられたときは、これらの事実が生じたときにおいて譲渡があったものとして、譲渡した資産の性質等に応じて譲渡所得などを認識します。

Q43 所得税⑧

私は中小企業者であるＡ社の取締役なのですが、現在私が所有している土地Ｂに借地権を設定し、その土地ＢをＡ社に貸しています。そしてＡ社はその土地の上に営業所を建築して事業の用に供しています。また、私はＡ社の債務について保証債務を有しています。

近年Ａ社の資金繰りが悪化し、Ａ社は平成29年に債務処理計画を策定しているのですが、私はその債務処理計画に基づいて、Ａ社の保証債務の一部を履行し、またその土地ＢをＡ社へ贈与しました。この場合に、私が受けることのできる税法上のメリットはありますでしょうか。

A43

- 一定の要件を満たすことで、取締役に対するみなし譲渡課税が非課税となります。
- 資産の贈与以外の、遺贈、低額譲渡、負担付贈与の場合には対象となりません。
- 債務処理計画などに一定の要件があります。
- 対象資産は現に法人の事業の用に供されている必要があります。
- 令和４年３月31日までの間に行われる贈与が対象となります。

　※　令和４年度税制改正の大綱（令和３年12月24日閣議決定）では、その適用期限を令和７年３月31日まで３年間延長する方針が

示されています。

解 説

1．課税の特例の概要

中小企業者である内国法人の保証債務を有している取締役等が、個人で有している資産でその資産に設定された借地権などを当該法人が事業の用に供している場合に、その借地権などを一定の債務処理計画に基づいて当該法人に対して贈与した場合には、一定の要件を満たす場合にはその贈与をなかったものとみなして、みなし譲渡課税は行わないものとされます（措法40の３の２）。

なお、この特例は資産の贈与があった場合に限り適用ができるものであり、遺贈、低額譲渡、負担付贈与の場合には対象となりません（措法40の３の２①）。

2．適用要件

上記１．の特例の適用をするためには、次の要件を満たしている必要があります。

(1) 保証債務の履行について次の要件を満たしていること。

① 取締役等が、債務処理計画に基づいて内国法人の債務の保証にかかる保証債務の一部を履行していること。

② 債務処理計画に基づき行われた贈与及び①の保証債務の一部を履行後にも、取締役が内国法人の保証債務を有していることが、その債務処理計画で見込まれていること。

(2) 内国法人が、取締役から資産の贈与を受けた後に、その資産を法人の事業の用に供することが、債務処理計画で決められていること。

(3) 債務処理計画について次のいずれかの要件を満たすこと。

① 贈与を受ける内国法人が、中小企業者等に対する金融の円滑化を図るための臨時措置に関する法律に規定される、金融機関から受けた資金の貸付けについて、その債務の弁済の負担軽減のために平成28年3月31日までの間に条件の変更がされていること。

② 債務処理計画が平成28年4月1日以後に策定されている場合に、内国法人がそれ以前に次のいずれにも該当していないこと。

ア　株式会社地域経済活性化支援機構法第25条第4項に規定する、再生支援決定の対象となった法人

イ　株式会社東日本大震災事業者再生支援機構法第19条第4項に規定する、支援決定の対象となった法人

ウ　上記のほか銀行法施行規則第17条の2第6項第8号に規定する合理的な経営改善のための計画を実施している会社

3．特例の対象となる取締役等の範囲

中小企業者に該当する内国法人の取締役又は業務を執行する役員であって、その法人の債務の保証にかかる保証債務を有している者が該当します。そのため、当該保証債務を有していない取締役等や、保証債務を有している取締役等の親族などの取締役等の地位を有さない個人については、対象となりません。

4．対象となる資産の範囲と計算方法

(1) 範囲

上記３．に規定される取締役等が有している資産のうち、内国法人に貸し付けられている賃借権などの資産の使用又は収益を目的とする権利で、実際にその取締役の属する内国法人の事業の用に供されているものが対象となります。

ただし、換金性が高く、引き続き事業の用に供する必要性の低い有価証券は、対象から除外されていますのでご注意ください（措法40の３の２①)。

(2) 資産のうち一部が事業の用に供されている場合の算式

贈与資産のうち一部が事業の用に供されている場合には、次の算式によって算出した価額が特例の対象となります。

$$\text{土地又は建物等の価額に相当する金額（底地価額等）} \times \frac{\text{その内国法人の事業の用に供されている権利が設定されている部分の面積又は床面積}}{\text{その土地又は建物の面積又は床面積}}$$

5．適用期限

この特例は、平成25年４月１日から令和４年３月31日までの間の贈与について適用されます。

※　令和４年度税制改正の大綱（令和３年12月24日閣議決定）では、その適用期限を令和７年３月31日まで３年間延長する方針が示されています。

Q44 法人税①

債務者の資産状況、支払能力等からみて金銭債権の全額が回収できないことが明らかになった場合、貸倒損失を計上することができますが、連帯保証人がいるときは、その連帯保証人についても回収不能かどうかの判断をしなければならないのでしょうか。連帯保証人ではなく、保証人だった場合はどうですか。

A44

- 連帯保証人がいる場合、連帯保証人の資産状況、支払能力等を勘案して、その金銭債権の全額が回収不能であるかの判断を行います。
- 連帯保証人ではなく保証人だった場合も同様です。

解説

1．貸倒損失に関する取扱い

法人の有する金銭債権について貸倒れが生じた場合、貸倒損失の計上が認められます。しかし、貸倒れとなったかどうかの事実認定は難しいため、法人税基本通達に、貸倒損失を計上できるケースが定められています。

(1) 金銭債権の全部又は一部の切り捨てられた場合

法人の有する金銭債権について次に掲げる事実が生じた場合、その金銭債権のうち次に掲げる金額は、その事実が生じた事業年度の損金の額に算入されます（法基通９－６－１）。

①　更生計画認可の決定又は再生計画認可の決定があった場合において、これらの決定により切り捨てられることになった部分の金額

②　特別清算にかかる協定の認可の決定があった場合において、この決定により切り捨てられることとなった部分の金額

③　法令の規定による整理手続によらない関係者の協議決定で次に掲げるものにより切り捨てられることとなった部分の金額

　ア　債権者集会の協議決定で合理的な基準により債務者の負債整理を定めているもの

　イ　行政機関又は金融機関その他の第三者のあっせんによる当事者間の協議により締結された契約でその内容がアに準ずるもの

④　債務者の債務超過の状態が相当期間継続し、その金銭債権の弁済を受けることができないと認められる場合において、その債務者に対し書面により明らかにされた債務免除額

この通達による貸倒損失は、法人が損金経理しているか否かにかかわらず、その事実が生じた事業年度において貸倒れとして損金の額に算入しなければなりません。したがって、すでに債権が切り捨てられていることを知らず、翌期以降にその事実を知った場合、その事実を知った事業年度に貸倒損失に計上することはできません。その場合、切り捨てがあった事業年度にさかのぼって更正の請求をすることになります。

なお、④について、債務者からの金銭債権の弁済が可能である状態で債務免除が行われた場合には、その債務免除は貸倒れではなく、債務者に対する贈与（又は寄付）とみなされます。その場合、翌期以降に貸倒損失に計上する機会はなくなってしまうので、注意が必要で

す。

(2) 金銭債権の全額が回収不能となった場合

法人の有する金銭債権について、その債務者の資産状況、支払能力等からみてその全額が回収できないことが明らかになった場合には、その明らかになった事業年度において貸倒れとして損金経理をすることができます。ただし、その金銭債権について担保物があるときは、その担保物を処分した後でなければ貸倒れとして損金経理することはできません（法基通9－6－2）。

この通達による貸倒れを損金算入するためには、法人が損金経理することが必須となります。すなわち、会計上貸倒損失が計上されていない場合に、法人税の別表調整だけで損金算入することはできません。また、債権の全額が回収不能となった場合に限られているため、一部のみが回収不能であるという場合は、貸倒損失の損金算入はできません。

担保物がある場合は、担保物を処分した後でなければ貸倒れとすることはできませんが、抵当権が後順位（例えば、第5順位）であり、担保物の処分価値からみて配当の見込みが全くないことが明らかな場合、担保物の処分を待たずに貸倒損失として損金経理することが可能です。

(3) 一定期間取引停止後弁済がない場合等

債務者について次に掲げる事実が発生した場合には、その債務者に対して有する売掛債権（貸付金等は含みません。）について、売掛債権の額から備忘価額を控除した残額を貸倒れとして損金経理することができます（法基通9-6-3）。

①　債務者との取引を停止した時、最後の弁済期、最後の弁済の時、のいずれか遅い時から1年以上経過した場合（その売掛債権につい

て担保物のある場合を除きます。)

② 法人が同一地域の債務者について有する売掛債権の総額が、取立のために要する旅費等の取立費用より少なく、債務者に対し支払いを督促したにもかかわらず弁済がない場合

債務者との取引の停止とは、継続的な取引を行っていた債務者について、その資産状況、支払能力等が悪化したためその後の取引を停止するに至った場合をいいます。したがって、不動産取引のように、たまたま取引を行った債務者に対して有する売掛債権については、この取扱いの適用はありません。

ただし、国税庁の質疑応答事例に、一般消費者を対象に衣料品の通信販売を行っている法人について、結果として1回しか販売していない顧客に対する売掛債権であっても、貸倒損失を計上できる場合が示されています。それによれば、一度でも注文があった顧客について、継続・反復して販売することを期待してその顧客情報を管理している場合には、結果として実際の取引が1回限りであったとしても、継続的な取引を行っていた債務者であるとされ、その1回の取引から1年以上経過した時は貸倒れの計上が認められます。

2．連帯保証人や保証人がいる場合の取扱い

前述のように、法人の有する金銭債権につき、その債務者の資産状況、支払能力等からみてその全額が回収できないことが明らかになった場合には、その明らかになった事業年度において、貸倒れとして損金経理することができます（法基通9-6-2）。

ところで、金銭債権について連帯保証人がいる場合、本来の債権者の支払いが滞ると、債権者は連帯保証人に対して支払いを求めること

ができます。このため、その貸付金が回収不能かどうかを判断する場合には、その連帯保証人等の資産状況、支払能力等を勘案しなければなりません。

ただし、連帯保証人に生活保護と同程度の収入しかないうえ、保有資産からも回収することができない場合は、実質的に連帯保証人からは回収できないと考えられます。このような場合、連帯保証人には支払能力がないため、連帯保証人に保証債務の履行を求めていなかったとしても損金経理による貸倒処理が認められます。

なお、連帯保証人と保証人では責任の及ぶ範囲等に違いがありますが、債務者が返済できなくなった場合、債務者に代わって返済する義務を負うという点では共通します。このため、連帯保証人ではなく保証人であったとしても、保証人の資産状況や支払能力を勘案して貸倒損失を計上できるかどうかを判断します。

Q45 法人税②

保証債務に関する求償権の回収が困難と見込まれる場合の貸倒れの処理は、保証債務の履行のタイミングによって異なりますか。また、保証債務を数年にわたって分割弁済する場合、分割弁済の初年度に全額を貸倒処理することはできますか。

A45

- 当該事業年度中に保証債務を履行して生じた求償権が回収困難となった場合、当該事業年度に貸倒処理が可能です。
- 保証債務を履行したのが当該事業年度後であれば、当該事業年度中に求償権の回収が困難であることがわかっていたとしても、その事業年度中に貸倒処理することはできません。
- 保証債務を数年にわたって分割弁済する場合、分割弁済の初年度に全額を貸倒処理することはできず、弁済の都度、発生する求償権について貸倒処理をすることになります。

解説

1. 求償権の取得と事前求償権に関する民法上の規定

保証人が主たる債務者に対して求償権を取得するのは、保証人が主たる債務者に代わって弁済その他債務を消滅させる行為をしたときとされています（民法459①後段）。

ただし、主たる債務者の委託を受けて保証人になった場合には、保証人が債務者に代わって弁済等をする前であっても、主たる債務者に対してあらかじめ求償権を行使できる場合があります。例えば、主たる債務者が裁判所に申し立てて破産手続を開始し、かつ、債権者が当該破産手続に参加しないことによって、主たる債務者から債権回収をすることができなくなった場合です。この場合、債権者が保証人に保証債務の履行を迫ってくるのが確実なため、保証人には事前の求償権の行使が認められています。これを求償権の事前行使といいます（民法460）。

求償権の事前行使は、保証人が弁済等をするのに必要な費用の前払いを受けるという前払請求権の性質を有するものです。このため、事前求償権の行使をしたにもかかわらず、保証人が現実に出捐しないときは、保証人は主たる債務者から受領した金額を返還しなければなりません。また、主たる債務者は、保証人に対して事前求償額相応の担保の提供を請求したり、債権者による主債務免除の同意を得るよう保証人に請求したりといった対抗措置をとることもできます（民法461）。

2．求償権の取得にかかる会計及び税務上の取扱い

前述のとおり、求償権の事前行使をしたとしても、保証人が弁済等を行わない場合には、受領した金額の返還や、事前求償額相当の担保提供が必要になります。このため、判例や裁決例では、保証人の事前求償権を会計処理上債権として計上することは認められないと判断しています（東京地判昭和51年12月15日、国税不服審判所昭和53年11月

27日裁決)。

法人税基本通達でも、保証債務は履行されるまでは偶発債務にすぎないとの理由から、現実に履行をしない限り、保証債務を貸倒処理の対象とすることができないと定められています（法基通9－6－2(注))。

したがって、保証人が求償権を貸倒処理するためには、期末までに主たる債務を主債務者に代わって弁済しなければならない、ということになります。

3．保証債務の履行のタイミングと貸倒処理の時期

主債務者が×１年に弁済不能な状態となった場合、いつ保証人が貸倒処理を行うことができるのか、保証債務の履行をするタイミングごとに整理します。

(1) ×１年中に保証債務の履行を行った場合

保証人は、×１年中に保証債務の履行を行った時点で、弁済額と同額の求償権を取得します。主債務者は求償権について弁済不能な状態であるため、保証人は求償権について×１年中に貸倒処理を行うことができます。

(2) 保証債務の履行を行ったのがＸ２年以降であった場合

保証人は、×１年中には保証債務の履行を行っていないため、保証債務は履行されるまでは偶発債務にすぎず、求償権について貸倒処理を行うことはできません。×２年以降、保証債務の履行をした時点で貸倒処理できるようになります。

(3) 分割弁済の場合

保証人は、保証債務につき分割による弁済の履行をした場合、その

分割弁済の都度、弁済額と同額の求償権を取得します。したがって、保証人が×１年から分割弁済を始めた場合、×１年中に保証債務の全額を貸倒処理することはできず、各事業年度において取得した求償権を限度として貸倒処理をすることができます。

Q46 法人税③

当社は、Ｙ社のＡ銀行への債務について、物上保証人として自社の不動産を担保提供し、その不動産には抵当権が設定されましたが、その後、Ｙ社の業績が悪化し、×１年６月に破産手続が開始しました。このため、債権者であるＡ銀行はＹ社への債権を被担保債権として、抵当不動産から生じる賃料債権について物上代位による差押えを行いました。差し押さえられた賃料は、Ａ銀行の債権全額には及びません。このため、当社は抵当不動産からの賃料収入が全く得られない状況となってしまいましたが、このような場合、Ｙ社に対する求償権を貸倒処理することは可能でしょうか。また、賃料収入が全く得られないわけですから、賃料収入を益金に計上しなくてもよいでしょうか。

A46

- 物上保証人である当社は、Ｙ社に対して、賃料相当額の求償権を取得することになるため、求償権を資産計上するとともに、求償権を貸倒処理することが可能です。
- ただし、当社は、物上代位された結果、賃料収入が得られなくなったとしても、賃貸借契約自体に変更はないため賃料収入を益金に計上しなければなりません。

解説

1．抵当権が実行された場合の法律関係

抵当権はそれが実行された場合、抵当不動産の果実、つまり賃料にまで及ぶため、抵当権者はこの賃料を得ることができます（賃料債権に対する物上代位。民法304、371、372）。

一方、当社と賃借人の賃貸借関係は継続されているため、当社は、法人税の計算上、賃料を収入として益金に計上しなければなりません。

2．求償権の取得と求償権の破産法上の手続

債権者の破産手続への参加は、破産手続開始時の債権額（現存額）について認められます。破産手続開始後に他の者からの弁済によって債権が消滅した場合も、その全額の消滅に至らない限り、なお破産手続開始時の債権額につき破産手続参加が認められます（手続開始時現存額主義）。

物上保証人の破産手続への参加は、債権者とは異なった扱いとなります。物上保証人である当社は、差し押さえられた賃料債権についてＹ社に対して求償権を得ることになりますが、この求償権については、破産法上、債権者の債権の全額を弁済しない限りは破産手続に参加することができません（破産法104④⑤）。そのまま破産手続が終結し、主たる債務者につき免責決定がされた場合、求償権の行使はできないこととなります。

3．税務の考え

(1) 法人税基本通達における整理

回収不能の金銭債権については、債務者の資産状況、支払能力等からみて、その全額が回収できないことが明らかな場合に貸倒損失とします。

これは、下記の法人税基本通達９－６－２の定めによるものです。

「法人の有する金銭債権につき、その債務者の資産状況、支払能力等からみてその全額が回収できないことが明らかになった場合には、その明らかになった事業年度において貸倒れとして損金経理をすることができる。この場合において、当該金銭債権について担保物があるときは、その担保物を処分した後でなければ貸倒れとして損金経理をすることはできないものとする。（昭55年直法２－15「十五」、平10年課法２－７「十三」により改正）

（注）保証債務は、現実にこれを履行した後でなければ貸倒れの対象にすることはできないことに留意する。」

(2) 求償権についての考察

上記のとおり、物上保証人は、保証にかかる債権の全額を弁済しない限りは破産手続に参加することができません。また仮に全額を弁済し、破産手続に参加しても、破産手続が開始されているような会社から債権を回収することはできません（破産手続における配当は通常は微々たる配当です。）。したがって、上記法人税基本通達９－６－２における「その債務者の資産状況、支払能力等からみてその全額が回収できないことが明らか」であるといえます。

以上より、求償権を取得した段階で、当該求償権につき法人税基本通達９－６－２の貸倒処理ができます。

4．本問

当社はＹ社のＡ銀行からの借入金について、当社が保有する不動産（建物と土地）に抵当権を設定していました。その後、Ｙ社の業績が悪化し、支払不能となったことから、×１年６月に破産手続が開始されました。Ｙ社の資産状況は悪く、配当は見込めません。

Ａ銀行は、Ｙ社の破産手続開始を契機に、当社保有の不動産の賃料債権につき、物上代位による差押えを行っています。ただし、Ａ銀行のＹ社への債権を上回る回収ではありません。×１年６月以後、当社は賃料収入を得られていない状況です。

物上保証人である当社はＹ社に求償権を取得することになります。しかしながら、当社はＡ銀行の債権全額を弁済していないため、Ｙ社の破産手続に参加することはできません。したがって、このまま破産手続が終結すれば、当社の求償権は消滅します。また仮に当社がＹ社の借入金をすべて弁済することにより、破産手続に参加しても、破産状態のＹ社から、債権を回収することはできないと考えられます。

このため、当社としては賃料収入を益金に計上するものの、それにつき、全額貸倒損失処理をすることができます。

Q47 法人税④

当社は子会社の債務について連帯保証人となっていましたが、子会社が破産したため、保証債務を履行し、求償権について回収不能を理由に貸倒損失処理をしました。この場合、子会社に対する寄付金と認定されることはないのでしょうか。

A47

- 経済合理性がない場合には、子会社に対する寄付金と認定されることがあります。
- 次のような場合、貸倒損失とはできず、寄付金とされます。
  ①保証を実施した時点において、子会社の財務状態が悪く、求償権の行使が不能となることが見込まれていた場合
  ②求償権を取得した後、求償権の行使が可能であるにもかかわらず、当該求償権を行使しなかった場合

解説

1．保証債務の履行と求償権

本問の状況下で、保証債務の履行を行った場合、親会社は子会社に対して、求償権を取得することになります。求償権を取得したその瞬間は、あくまで資産の取得であり、損金算入することはできません。

2．寄付金認定される場合

(1) 税務上の取扱い

親会社が子会社の債務を保証した後、その保証を実行したものの、子会社から回収ができなかった場合、相当な理由があれば貸倒損失となりますが、相当な理由がなければ、寄付金と認定されます。

法人税基本通達９－４－１には、以下の規定があります。

「損失負担等をしなければ今後より大きな損失を蒙ることになることが社会通念上明らかであると認められるためやむを得ずその損失負担等をするに至った等そのことについて相当な理由があると認められるときは、その損失負担等により供与する経済的利益の額は、寄附金の額に該当しない」

子会社の債務を保証した後、子会社が破産し、保証債務を履行した場合、履行した保証債務を回収することはできないため、法人税基本通達９-４-１の「損失負担等」をするに至ったことになります。

損失負担等は相当な理由があれば、寄付金には該当しませんが、そうでない場合は、寄付金と認定されることになります。

すなわち、この「相当な理由」の有無により、寄付金と認定されるか否かが決定されます。

(2)「相当な理由」の考え方

「相当な理由」を考えるについては、①保証を実施した時の状況と②求償権を取得した時の状況がポイントとなります。

保証を実施した時において、すでに子会社の財務状態が悪く、いずれ保証債務を履行することが見込まれていた場合は、貸倒損失とはできません。保証は反対給付を伴わないものであるため、保証をする合理的な理由がない場合、寄付金と認定されるのです。

また実際に求償権を取得した時に、当該求償権の行使が可能であるにもかかわらず、その求償権を行使しなかった場合も、貸倒損失とすることはできません。

これらの取扱いは、株式会社という法人が経済的利益を追求する合理的な主体であるとの考え方を前提にすると理解が深まります。

まず、保証を実施する時点で、将来、明らかに保証債務を履行することがわかっていながら保証をすることは、経済的利益の追求からは合理的ではありません。保証は反対給付がない、すなわち経済的にはリスクが大きい取引である以上、そもそも合理的な理由がなければ実施しないのが普通でしょう。

また保証した債務を履行した場合、求償権を行使できるにもかかわらず、それを行使しないことも経済的利益の追求からは合理的ではありません。

このように、保証の実施や求償権の行使に関して、経済合理性を欠いた行為であるとみなされた場合、子会社への寄付とみなされ、貸倒損失とすることはできないのです。

Q48 法人税⑤

個別評価金銭債権にかかる貸倒引当金の繰り入れを行う場合、当該金銭債権に人的保証がついている場合でも、繰り入れは可能でしょうか。

A48

- 個別評価金銭債権の貸倒引当金については、債務者に発生した事実により繰入限度額の計算方法が異なっており、人的保証の考え方も異なります。
- 更生計画の認可の決定等、特定事由による弁済の猶予等の場合には、繰入限度額の計算上、人的保証は考慮しません。
- 債務超過状態の相当期間継続の場合は、繰入限度額の計算上、人的保証を考慮する必要があります。
- 更生手続開始等による形式基準の場合、金融機関や保証機関の保証でなければ、繰入限度額の計算上、人的保証は考慮しません。

解説

1．貸倒引当金の金額の算定

金銭債権に関する貸倒引当金の繰入限度額は、個別評価金銭債権と一括評価金銭債権に分けて計算されます。

個別評価金銭債権は、一定の事由が生じていることにより、その一部に貸倒れによる損失が見込まれる債権です。

具体的には、以下のように規定されています。

「更生計画認可の決定に基づいて弁済を猶予され、又は賦払により弁済されることその他の政令で定める事実が生じていることにより、その一部につき貸倒れその他これに類する事由による損失が見込まれるもの」（法法52①）

個別評価金銭債権に関する貸倒引当金の繰入限度額は、発生した事由ごとに計算の方法が定められています。

具体的には、「当該個別評価金銭債権の取立て又は弁済の見込みがないと認められる部分の金額を基礎として政令で定めるところにより計算した金額」と規定されており、債務者に発生した事実により、異なった計算方法が定められているのです（法法52①、法令96①）。

人的保証を受けている金銭債権については、債務者が債務を履行できなくても、連帯保証人に対して弁済を求め、取り立てることが可能です。したがって、個別評価金銭債権に対する貸倒引当金については、保証人の弁済能力を踏まえて判断する必要がありますが、これをどのように計算に含めるかが問題となります。

2．個別評価金銭債権にかかる貸倒引当金の取扱い

個別評価金銭債権については、上記のとおり債務者に発生した事実により、貸倒引当金繰入額の計算が異なります。

(1) 特定事由による弁済の猶予（法令96①一）

金銭債権債務者について生じた更生計画認可決定など、特定の事由に基づいてその弁済を猶予され、又は賦払により弁済された場合、当該金銭債権の額のうち当該事由が生じた日の属する事業年度終了の日

の翌日から５年を経過する日までに弁済されることとなっている金額以外の金額が、貸倒引当金の繰入限度額となります。なお、担保権の実行その他によりその取立て又は弁済（以下Q48の解説において「取立て等」といいます。）の見込みがあると認められる場合は、繰入限度額から取立て等の見込みがある金額を除きます。

貸倒引当金の繰入限度額	＝	当該金銭債権の額	－	債権者につき特定事由が生じた日の属する事業年度終了の日の翌日から５年を経過する日までに弁済されることとなっている金額	－	担保権の実行その他によりその取立て等の見込みがあると認められる部分の金額

この規定の対象になる特定の事由は、以下のとおりです（法令96①一、法規25の２）。

①　更生計画認可の決定

②　再生計画認可の決定

③　特別清算にかかる協定の認可の決定

④　法令の規定による整理手続によらない関係者の協議決定で、次に掲げるもの

ア　債権者集会の協議決定で合理的な基準により債務者の負債整理を定めているもの

イ　行政機関、金融機関その他第三者のあっせんによる当事者間の協議により締結された契約でその内容が上記アに準ずるもの

(2)　債務超過状態の相当期間継続等による一部回収不能額（法令96①二）

金銭債権債務者につき、債務超過の状態が相当期間継続し、かつ、その営む事業に好転の見通しがないこと、災害、経済事情の急変等により多大な損害が生じたことその他の事由により、当該金銭債権の一

部の金額につきその取立て等の見込みがないと認められる場合、当該一部の金額に相当する金額につき貸倒引当金繰入額の限度額となります。

貸倒引当金の繰入限度額	＝	当該金銭債権の額	－	取立て等の見込みがあると認められる部分の金額

(3) 形式基準による50％相当額の貸倒引当金の繰り入れ（法令96①三）

金銭債権債務者につき更生手続開始の申立てなどの事由が生じている場合、当該金銭債権の額の100分の50に相当する金額が貸倒引当金繰入額の限度額となります。なお、金銭債権の額からは、次の２つの金額を除くこととされています。

① 債務者から受け入れた金額があるため実質的に債権とみられない部分の金額

② 担保権の実行、金融機関又は保証機関による保証債務の履行その他により取立て等の見込みがあると認められる部分の金額

貸倒引当金の繰入限度額	＝	[	当該金銭債権の額	－	当該債権者から受け入れた金額があるため実質的に債権とみられない部分の金額	－	担保権の実行、金融機関又は保証機関による保証債務の履行その他により取立て等の見込みがあると認められる部分の金額	]	×	50％

この規定の適用対象となる事由は、以下のとおりです（法令96①三、法規25の３）。

① 更生手続開始の申立て

② 再生手続開始の申立て

③ 破産手続開始の申立て

④　特別清算開始の申立て

⑤　手形交換所（手形交換所のない地域にあっては、当該地域において手形交換業務を行う銀行団を含みます。）による取引停止処分、及び、電子債権記録機関による取引停止処分で一定のもの

3．個別評価金銭債権にかかる貸倒引当金と人的保証

個別評価金銭債権にかかる貸倒引当金の損金算入限度額の計算は、上記のとおり発生した事実により異なります。人的保証の考え方もそれぞれ異なっています。

(1) 特定事由による弁済の猶予の場合

この規定では、貸倒引当金の繰入限度額の計算上、担保権の実行により取立て等の見込みがあると認められる部分の金額を除外することとされています。除外すべきものは担保権等の物的保証に限定されていますので、人的保証については考慮する必要がありません。

(2) 債務超過状態の相当期間継続等による一部回収不能の場合

この規定では、貸倒引当金の繰入限度額の計算上、取立て等の見込みがある金額を除外することとされています。取立て等の見込みがある金額については、担保物の処分による回収可能額や、人的保証にかかる回収可能額などを考慮することとされています。ただし、次のような場合には、人的保証にかかる回収可能額を考慮しないことができます（法基通11－2－7）。

①　保証債務の存否に争いのある場合で、そのことにつき相当の理由のあるとき

②　保証人が行方不明で、かつ、当該保証人の有する資産について評価額以上の質権、抵当権が設定されていること等により当該資産か

らの回収が見込まれない場合

③　保証人について、更生手続開始等の申立てが行われている場合

④　保証人が生活保護を受けている場合で、かつ、保証人の有する資産について評価額以上の質権、抵当権が設定されていることにより、当該資産からの回収が見込めないとき

(3) 形式基準による50％相当額の貸倒引当金の繰り入れの場合

この規定では、貸倒引当金の繰入限度額の計算上、「当該債務者から受け入れた金額があるため実質的に債権とみられない部分の金額及び担保権の実行、金融機関又は保証機関による保証債務の履行その他により取立て等の見込みがあると認められる部分の金額」を除外することとされています。保証については、金融機関や保証機関による保証に限定されていますので、それ以外の者による保証については考慮する必要はありません。

Q49 相続税①

保証債務者が主たる債務者の弁済すべき債務を弁済した場合、課税関係はどのようになりますか。

A49

保証債務者が主たる債務者の弁済すべき債務を弁済した場合には、その代わって弁済した金額については、主たる債務者に対して求償権を有するため、課税関係は生じません。

保証債務者が主たる債務者に対し、その求償権を放棄した場合には、保証債務者から主たる債務者に贈与があったものとみなされ、贈与税が課税されます。

ただし、主たる債務者が資力を喪失して債務を弁済することが困難である場合には、この限りでありません。

解説

1．保証債務者が主たる債務者の弁済すべき債務を弁済した場合の課税関係

保証人が保証債務を履行することにより、主たる債務者は債務を免れることになるので、保証人は主たる債務者に対して求償権を有することになります（民法459～465）。

したがって、保証債務者が主たる債務者の弁済すべき債務を弁済し

た場合においても、主たる債務者に求償権を行使する限り、贈与税の課税関係は生じません。

2．保証債務者が主たる債務者の弁済すべき債務を弁済した場合において、その求償権を放棄した場合の課税関係

保証債務者が求償権を放棄した場合には、その求償権に対して償還義務を負っている主たる債務者の側からみれば、その債務の免除を受けたことになります。それにより受ける利益については、贈与があったものとみなされ、主たる債務者に贈与税が課税されます（相法8、相基通8-3）。

なお、相続税法第8条ただし書において、主債務者が資力を喪失して債務を弁済することが困難である場合には、その債務を弁済することが困難である部分の金額を限度として、贈与税の課税対象から除外することとされています。

債務の免除等は、資力を喪失したためにやむを得ず、また、いわゆる道義上の見地からなされる場合が想定されます。このような場合にも贈与とみなして贈与税を課税することは適当でないという考えから、適用除外が定められています。

3．「資力を喪失して債務を弁済することが困難である場合」の意義

(1) みなし規定の適用除外となる場合の「資力を喪失して債務を弁済することが困難である場合」とは、どのような状態に至った場合を指すのかという問題があります。

これに関し、通達では、その者の債務の金額が積極財産の価額を超えるときのように社会通念上債務の支払いが不能（破産手続開始の原因となる程度に至らないものを含む。）と認められる場合をいうものと定められています（相基通７-４）。

支払不能とは、破産法に規定する破産手続開始の原因であり、債務者がその者の財産、労務、信用をもってしても弁済期にあるものにつき債務を一般的、かつ継続的に弁済することが不可能になった状態をいいます（破産法15①、16①）。つまり、個人に対する破産手続開始の原因は、債務超過の状態にとどまらず、債務者の労務、信用をも考慮されることになります。

しかし、贈与税又は相続税の課税上におけるみなし規定の不適用要件についても、このように厳格に解すべきかという問題がありました。そこで、通達においては、「破産手続開始の原因となる程度に至らないものを含む」ものと定めており、破産法上の支払不能の概念よりも緩和されています。

なお、この場合の債務超過であったか否かの判断においては、債務者の財産の価額又は債務額は、相続税評価額ではなく、債務免除があった時の時価によるものが相当と解されています（平成９年３月31日裁決）。

(2) 上述のとおり、贈与税では主債務者が「資力を喪失して債務を弁済することが困難である場合」には、その債務を弁済することが困難である部分の金額を限度として、贈与税の課税対象から除外されます。これに似たような表現として、相続税の債務控除規定における「主たる債務者に求償して返還を受ける見込みがない場合」という文言や、所得税の非課税規定における「求償権の全部又は一部を行使することができないこととなったとき」という文言があります。

①　相続税の債務控除規定における「主たる債務者に求償して返還を受ける見込みがない場合」の意義

主たる債務者が弁済不能の状態にあるため、保証債務者がその債務を履行しなければならない場合で、かつ、主たる債務者に求償して返還を受ける見込みがない場合には、主たる債務者が弁済不能の部分の金額は、当該保証債務者の債務として控除します（相基通14-３）。

主たる債務者に求償して返還を受ける見込みがない場合は、主たる債務者が弁済不能の状態にありますが、この弁済不能の状態については判示されており、事実上主たる債務者から債権の回収ができない状況にあることが客観的に認められる状態をいいます（東京地判昭和59年４月26日税資136号352頁）。

例えば、主たる債務者が破産、和議、会社更生あるいは強制執行等の手続開始を受け、又は、事業閉鎖、行方不明、刑の執行等により債務超過の状態が相当期間継続しながら、他からの融資を受ける見込みもなく、再起の目途が立たないなどの事情がある場合と解されており、みなし規定の適用除外よりも厳格に解されています（Q50参照）。

②　所得税の非課税規定における「求償権の全部又は一部を行使することができないこととなったとき」の意義

保証債務の履行に伴う求償権の全部又は一部を行使することができないこととなったときは、その金額に対応する部分の所得はなかったものとみなされます。この場合の行使不能となったかどうかの判定は、通達により定められており、主債務者が倒産して事業を廃止してしまう、事業回復の目処が立たず破産若しくは私的整理に委ねざるを得ない場合はもちろんのこと、主債務者の債務超過の状態が相当期間継続し、衰微した事業を再建する見通しがないこと、その他これに準ずる事情が生じ、求償権の行使、すなわち債権の回収の見込みがないことが確実となった場合をいうものとされており、みなし規定の適用除外よりも厳格に解されています（Q38参照）。

Q50 相続税②

保証債務について、相続税の債務控除の対象となりますか。

A50

- 原則、保証債務については債務控除しません。
- ただし、一定の場合には、主たる債務者が弁済不能な部分の金額を債務控除します。

解説

1．債務控除の対象とならない保証債務

保証債務は、身元保証などを除き、一般的には相続の対象となるものとされています。

よって、被相続人が主たる債務者のためになした保証債務は、相続により相続人に承継されます。しかし、将来現実にその履行義務が発生するかどうかが不確実であること及び、仮にその保証債務を履行した場合でも、その保証債務の履行は求償権の行使によって補てんされることから確実な債務とはいえません。そのため、原則的には、保証債務については、債務控除の対象となりません。

(1) 債務控除

相続又は遺贈により取得した財産の価額から控除すべき債務の金額

は、確実と認められるものに限ります。

確実と認められる債務とは、債務の存在とその履行が確実と認められる債務と解されます。

（相法13、14、相基通14-１）

(2) 保証債務の取扱い

保証債務については、債務控除しません。これは債務の性質上、保証人において将来現実にその債務を履行するか否かが不確実であり、また仮に将来その債務を履行した場合でもその履行による損失は、法律上は主たる債務者に対する求償権の行使によって補てんされるためです。

ただし、一定の場合には、主たる債務者が弁済不能の部分の金額は、当該保証債務者の債務として控除します（下記２．債務控除の対象となる保証債務）。

（相基通14-３（1））

２．債務控除の対象となる保証債務

上記１．のとおり、保証債務は、原則的に、債務控除の対象となりません。

しかし、相続開始時において、主たる債務者が資力を喪失するなどその債務を弁済することができない状態にあるため、保証人がその債務を履行しなければならず、主たる債務者に求償権を行使しても返還を受ける見込みがない場合には、確実と認められる債務として債務控除の対象とすべきです。そのため、このような場合には、主たる債務者が弁済することができない部分の金額が、その保証人である被相続人の確実と認められる債務として債務控除の対象となります。

(1) 保証債務の取扱い

主たる債務者が弁済不能の状態にあるため、保証債務者がその債務を履行しなければならない場合で、かつ、主たる債務者に求償して返還を受ける見込みがない場合には、主たる債務者が弁済不能の部分の金額は、当該保証債務者の債務として控除します。

(相基通14-3 (1))

(2) 弁済不能の状態

主たる債務者が弁済不能の状態とは、事実上主たる債務者から債権の回収ができない状況にあることが客観的に認められる状態をいいます。

例えば債務者が破産、和議、会社更生あるいは強制執行等の手続開始を受け、又は、事業閉鎖、行方不明、刑の執行等により債務超過の状態が相当期間継続しながら、他からの融資を受ける見込みもなく、再起の目途が立たないなどの事情がある場合は、主たる債務者が弁済不能の状態にあると考えられます。

(東京地判昭和59年4月26日税資136号352頁)

Q51 印紙税①

債権者と保証人の間で債務保証契約を締結しました。当該債務保証契約書は、課税文書に該当するのでしょうか。

また、債務者と保証人の間で保証委託契約書を締結しました。当該保証委託契約書は、課税文書に該当するのでしょうか。

A51

- 債権者と保証人の間で締結する債務保証契約書は、課税文書に該当します。
- 債務者と保証人の間で締結する保証委託契約書は、課税文書に該当しません。

解説

1．債務保証契約書に関する取扱い

債務保証契約の契約当事者は、保証人と債権者です。

債務者がその債務を履行しない場合に、保証人が債権者に対しこれを履行することを約するために保証人と債権者との間で作成する契約書は、債務の保証に関する契約書に該当し、第13号文書に該当します。

よって、債務保証契約書は、課税文書に該当します。

(1) 第13号文書

債務の保証に関する契約書（主たる債務の契約書に併記したものを除きます。）をいいます。

（印紙税法基本通達別表１ 第13号文書）

(2) 債務の保証の意義

「債務の保証」とは、主たる債務者がその債務を履行しない場合に保証人がこれを履行することを債権者に対し約することをいい、連帯保証を含みます。

なお、他人の受けた不測の損害を補てんする損害担保契約は、債務の保証に関する契約に該当しません。

（印紙税法基本通達別表１第13号文書１）

2．保証委託契約書に関する取扱い

保証委託契約の契約当事者は、保証人と債務者です。

債務者からの委託に基づいて保証人になる場合に、保証人と債務者の間で作成する契約書は、委任に関する契約書に該当し第13号文書には該当しません。

よって、保証委託契約書は、課税文書に該当しません。

・債務の保証委託契約書

第13号文書「債務の保証に関する契約」とは、第三者が債権者との間において、債務者の債務を保証することを約するものをいい、第三者が債務者に対しその債務の保証を行うことを約するものを含みません。

なお、第三者が債務者の委託に基づいて債務者の債務を保証することについての保証委託契約書は、委任に関する契約書に該当するのであるから、課税文書に当たらないことに留意します。

（印紙税法基本通達別表１第13号文書２）

Q52 印紙税②

主たる債務の契約書に債務の保証に関する部分を併記した場合と、主たる債務の契約書に債務の保証に関する部分を追記した場合では、印紙税の取扱いが異なると聞きました。

この取扱いについて説明してください。

A52

- 主たる債務の契約書に債務の保証契約を併記した場合には、債務の保証契約は印紙税の課税事項に該当しません。
- 主たる債務の契約書に債務の保証に関する部分を追記した場合には、債務の保証契約は印紙税の課税事項に該当します。

解説

1．主たる債務の契約書に債務の保証に関する部分を併記した場合の取扱い

主たる債務の契約書に債務の保証契約を併記した場合には、主たる債務の契約書が課税文書に該当するか否かにかかわらず、例外的に、債務の保証契約は印紙税の課税事項として取り扱いません。

(1) 主たる債務の契約書

主たる債務の契約書とは、主たる債務者と債権者の間で締結される契約書です。

この契約書に、債権者と保証人との間の保証契約を併記する場合があります。

例えば、消費貸借契約書に債務者と保証人が署名押印し、「債務者が期限までに返済しない場合は、保証人が全額弁済します。」と記載した場合です。

(2) 主たる債務の契約書に併記した債務の保証に関する契約書

主たる債務の契約書に併記した債務の保証に関する契約書は、当該主たる債務の契約書が課税文書に該当しない場合であっても課税文書とはなりません。本来は１つの文書に２以上の課税事項（第１号文書と第13号文書）が記載されているため、それぞれの号に該当する文書として判断することになります。ただし、例外的に、主たる債務の契約書に併記された債務の保証契約は課税事項として取り扱わないこととなります。

なお、主たる債務の契約書に併記した保証契約を変更又は補充する契約書及び契約の申込文書に併記した債務の保証契約書は、第13号文書に該当することとなります。

（印紙税法基本通達別表１第13号文書３）

2．主たる債務の契約書に債務の保証に関する部分を追記した場合の取扱い

主たる債務の契約書に債務の保証契約を追記した場合には、追記をした者が、追記した時において、債務の保証契約書を新たに作成したものとみなします。

そのため、主たる債務の契約書に対する収入印紙の貼付けに加えて、債務の保証契約書に対する収入印紙の貼付けが必要になります。

・課税文書の作成とみなす場合

一の文書に一定の課税文書により証されるべき事項の追記をした場合には、当該追記をした者が、当該追記をした時に、当該追記にかかる事項を記載した課税文書を新たに作成したものとみなします。
（印紙税法４③）

Q53 印紙税③

購入申込書に連帯保証人の欄があり、連帯保証人に署名押印してもらいますが、この購入申込書は第13号文書（債務の保証に関する契約書）に該当しますか。

A53

- 購入申込書が契約書に該当しないため、Q52の規定の適用がありません。
- 債務の保証が併記された購入申込書は第13号文書に該当します。

解説

申込書等に併記された保証契約の取扱い

契約の申込文書は、基本契約書、見積書等に基づいて作成されたものに該当する場合を除いて契約書に該当しません。

そのため、購入申込書に併記された債務の保証に関する契約について、主たる債務の契約書に併記した債務の保証に関する契約書（印紙税法基本通達別表１第13号文書３）の規定の適用がなく、債務の保証に関する契約書として当該文書は第13号文書に該当することとなります。

・申込書等と表示された文書の取扱い

契約は、申込みと当該申込みに対する承諾によって成立するため、契約の申込みの事実を証明する目的で作成される単なる申込文書は契約書には該当しません。そのため、印紙税法基本通達別表１第13号文書３の適用がなく、債務の保証が併記された申込文書は、債務の保証に関する契約書として課税文書に該当します。一方で、申込書、注文書、依頼書等（以下「申込書等」といいます。）と表示された文書であっても、相手方の申込みに対する承諾事実を証明する目的で作成されるものは、契約書に該当し、契約書に該当する場合は、印紙税法基本通達別表１第13号文書３の適用があるため「主たる債務の契約書に併記された債務の保証契約」として課税事項として取り扱いません。申込書等と表示された文書のうち、次に掲げるものは、原則として契約書に該当するものとします。

①　契約当事者の間の基本契約書、規約又は約款等に基づく申込みであることが記載されていて、一方の申込みにより自動的に契約が成立することとなっている場合における当該申込書等。ただし、契約の相手方当事者が別に請書等契約の成立を証明する文書を作成することが記載されているものを除きます。

②　見積書その他の契約の相手方当事者の作成した文書等に基づく申込みであることが記載されている当該申込書等。ただし、契約の相手方当事者が別に請書等契約の成立を証明する文書を作成することが記載されているものを除きます。

③　契約当事者双方の署名又は押印があるもの

(印紙税法基本通達21)

Q54 消費税①

保証人に対して保証料を支払ったのですが、保証料に消費税は課税されますか。また、物上保証料の場合はどうですか。

A54

当該保証料及び物上保証料は、信用の保証としての役務の提供にかかる対価として非課税の規定が適用されるため、消費税は課税されません。

解説

消費税の対象となる取引には、原則として国内におけるすべての資産の譲渡等が含まれます。しかし、これらの中には、消費に負担を求める税としての性格上、課税対象とならないものや、政策的に課税することが適当でないものがあり、これらのものは非課税とされています。

消費税法は、「国内において行われる資産の譲渡等のうち、別表第一に掲げるものには、消費税を課さない」と規定し、国内取引にかかる非課税の具体的範囲は、別表第一に列挙されています（消法６①）。

ここで、別表第一において、「信用の保証としての役務の提供」は、非課税となる資産の譲渡等として規定されており、その具体例については、施行令や通達において列挙されています（消令10、消基通

6－3－1）。

　すなわち、保証人に対して支払った保証料及び物上保証料は、債務の保証の対価であり、信用の保証としての役務の提供にかかる対価として、非課税となります。

Q 55 消費税②

私は取引先の保証人になっていましたが、取引先が弁済不能に陥ってしまいました。

このため、私が所有している賃貸用の建物を譲渡し、その譲渡代金で代位弁済することとなりました。この時、建物の譲渡は課税取引になりますか。

A 55

課税の対象となる「事業として対価を得て行われる資産の譲渡」は、その原因を問わないものとされていますから、たとえ代位弁済するためであったとしても、当該建物の譲渡は課税取引となります。

解説

1．課税の対象

消費税法は、法律の対象となる行為を「資産の譲渡等」という概念により把握し、そのうち、国内において行われるものを課税の対象としています。

そして、資産の譲渡等とは、事業として対価を得て行われる資産の譲渡及び貸付け並びに役務の提供（代物弁済による資産の譲渡その他対価を得て行われる資産の譲渡若しくは貸付け又は役務の提供に類する行為として政令で定めるものを含む。）と規定されています（消法

2①八)。

ここで、事業として対価を得て行われる資産の譲渡は、その原因を問わないものとされていますから、他の者の債務の保証を履行するために行う資産の譲渡についても課税の対象となります（消基通5－2－2）。

つまり、所得税では、保証債務を履行するために資産を譲渡した場合に、その履行に伴う求償権の全部又は一部を行使することができないときは、その金額に対応する部分の所得はなかったものとみなされ、非課税となるのに対し、消費税においてはそのような特例はなく、原則どおり課税されます。

2．事業付随行為

事業の用に供している建物の売却は、その性質上事業に付随して対価を得て行われる資産の譲渡として「資産の譲渡等」に含まれますから（消令2、消基通5－1－7）、賃貸用建物の譲渡は課税の対象となります。

なお、譲渡した建物が自宅であった場合には、「事業として」行われたものではありませんから、「資産の譲渡等」に該当せず、不課税取引となります。

サービス・インフォメーション

通話無料

①商品に関するご照会・お申込みのご依頼
TEL 0120(203)694／FAX 0120(302)640

②ご住所・ご名義等各種変更のご連絡
TEL 0120(203)696／FAX 0120(202)974

③請求・お支払いに関するご照会・ご要望
TEL 0120(203)695／FAX 0120(202)973

●フリーダイヤル(TEL)の受付時間は、土・日・祝日を除く
9:00～17:30です。

●FAXは24時間受け付けておりますので、あわせてご利用ください。

新民法で変わった保証制度と税務

—契約時から履行・求償まで　顧問先への対応ポイントをQ＆Aでつかむ！—

2022年4月25日　初版発行

著　者　弁護士法人Y＆P法律事務所
　　　　税理士法人山田＆パートナーズ

発行者　田　中　英　弥

発行所　第一法規株式会社
〒107-8560　東京都港区南青山2-11-17
ホームページ　https://www.daiichihoki.co.jp/

民法保証税務　ISBN978-4-474-07658-7　C2033 (8)